獻給愛莉、媽和爸，謝謝你們這些年來的支持。——史都華

獻給琳達，妳的妖怪與神祕野獸的故事足以與康尼留斯‧華特斯匹敵。——珊卓拉

First published in the UK in 2017 by Big Picture Press,
an imprint of Kings Road Publishing, part of the Bonnier Publishing Group,
The Plaza, 535 King's Road, London, SW10 0SZ
www.bonnierpublishing.com

作者：珊卓拉‧勞倫絲 (Sandra Lawrence)
繪者：史都華‧希爾 (Stuart Hill)
譯者：黃筱茵、微光
全書設計：黃裴文
校對：陳佩伶
責任編輯：李宓
行銷企畫：陳詩韻
總編輯：賴淑玲
社長：郭重興
發行人兼出版總監：曾大福
出版者：大家／遠足文化事業股份有限公司
發行：遠足文化事業股份有限公司
231 新北市新店區民權路108-2號9樓
電話 (02) 2218-1417　傳真 (02) 8667-1851
劃撥帳號：19504465 戶名 遠足文化事業有限公司
法律顧問：華洋法律事務所 蘇文生律師
ISBN 978-957-9542-68-5

定價650元
二版三刷 2022年2月

國家圖書館出版品預行編目 CIP 資料

妖怪地圖：世界各地的神祕生物：雪怪、狗靈、年獸、鳥身女妖等等 / 珊卓拉.勞倫絲(Sandra Lawrence)著；史都華.希爾(Stuart Hill)繪；黃筱茵, 微光譯. -- 二版. -- 新北市：大家出版：遠足文化發行, 2019.05
面： 公分
譯自：The atlas of monsters
ISBN 978-957-9542-68-5(精裝)

1.妖怪 2.通俗作品

298.6　　　　　　　　　　108000838

妖怪地圖

世界各地的神祕生物——雪怪、狗靈、年獸、鳥身女妖等等

珊卓拉·勞倫絲 著

史都華·希爾 繪

黃筱茵、微光 譯

露絲・布里奇　圖書館員
哈德艾克莊園
伯克郡

7月2日

艾德蒙・萊特　編輯
麥卡托地圖製造公司
布隆伯利
倫敦

親愛的萊特先生：

我是伯克郡哈德艾克莊園的圖書館員，今天來信是想告訴您我在莊園的奇特發現。

莊園已逝主人馬內斯・哈德艾克教授生前蒐集了許多古手稿，
特別是16世紀隱士康尼留斯・華特斯（1542-1616）的作品。

很遺憾，哈德艾克教授在一年前過世。
他過世之前，我們很少見到他，他似乎總在處理一件從沒對員工透露的事。
低調的葬禮結束後，我開始整理教授留下來的華特斯詩作，準備拍賣。
我不認為這些詩可以賣多少錢，因為人們對華特斯的詩作評價不高，
其實，大家覺得他寫得很糟。

不過，我在整理時，不小心在一根都鐸風的柱子前絆倒了。
令我驚訝的是，牆壁竟然向後退開，裡頭有一個祕密藏身的空間。

那個洞都是灰塵，髒兮兮的，滿是蜘蛛網。
等我適應黑暗後，我發現裡頭有個用鐵條封住的古老木箱，上頭還有巨大的掛鎖。
從鑰匙孔附近的腳印看來，我不是四百年來第一個闖進這裡的人。
哈德艾克教授早就來過了。

箱子裡有一捆華特斯少年時代的作品。
我非常興奮，因為那不是詩，而是華特斯繪製的地圖，
上頭記載世界各地的神祕生物——好像他親眼看過似的。

早從古希臘、古羅馬時期開始，
作家就時常運用自己的想像力和旅行者的故事填補他們知識不足的地方。
當中最有名的大概是寫下《博物志》的古羅馬歷史學家老普林尼（西元23-79）。

《博物志》有一章的主題是動物，裡頭就包含很多想像中的怪獸。
我以為華特斯的地圖大概是類似的作品。

可是，閱讀這些地圖時，我十分困惑。
華特斯寫作的方式好像他真的曾經環遊世界，並將各地的神話生物記錄下來。
這當然是不可能的，他描述的怪獸是神話、民間故事與想像中的龍與吸血鬼。

華特斯顯然想跟全世界分享他的地圖，但為什麼要把地圖藏起來，
花費餘生寫那些糟糕透頂的詩呢？我無法理解。
儘管今日相信這些生物真實存在的人並不多，
但華特斯的遠遊肯定會讓他與當代偉大的探險家華特·拉雷爵士
或法蘭西·德瑞克爵士一樣有名。

我在這裡附上我的研究結果。
我複製了華特斯的地圖與日誌，並加上現代國界與地名方便閱讀。
除了華特斯的怪獸紀錄，還有許多怪異的記號，你自己看看吧。

剛開始，我覺得整件事是憑空想像出來的，不過現在我不那麼確定了。
這些地圖藏有某些謎題，我無法理解。
我愈來愈相信這些怪獸真的存在……可是，不，你肯定覺得是我在幻想。
我們的頭腦有時會跟我們開玩笑。

我把我的發現傳給您，希望您們的專家有辦法解答更多謎題。
如果這些發現有用，也許是時候出版了，這樣全世界的人才能閱讀這份獨特的紀錄。

祝 好

露絲·布里奇

1563年7月1日，南漢普頓，人魚旅店

今天值得好好慶祝。我是康尼留斯‧佛利渥‧蒙塔格‧華特斯，來自伯克郡偉大的華特斯家族。今天，我滿二十一歲了。

我的父母期望我研讀法律，可是我從小就渴望冒險。
每當吟遊詩人來到我家門前，
在火爐旁編織關於神奇生物與遙遠土地的精采故事，
我的心思便跟著踏上冒險之旅。

我已雇用一艘船——祥龍號，
載著我與一班強健手下，
踏上發現的旅程。

除了懇求同行的廚師之子哈爾，其餘船員全是堅毅的海上蛟龍。
我擔心哈爾將成為負擔。
可是他就像小時候的我一樣，我也會為了這樣的旅程付出一切。
哈爾的父親威爾‧哈德艾克保證這小傢伙反應靈敏，
我只能期盼他說的是真話。

我的目的是創造最完整的圖鑑，
包含地球上一切生物的「地圖集」，
並與我的人類同胞分享。

然而，我不知道這趟旅程將發生什麼事，
肯定十分危險，可能我再也無法回來。
不過，唯有親眼見識世界上的所有驚奇，我才會滿足。

康尼留斯‧華特斯

♄=H

我必須補充一件事。

這天夜裡，就是我們即將從南漢普頓出發的前一晚，

送信人敲了我的房門，留下一張不尋常的紙條。

這封信用我從來未曾見過的文字書寫：

我不會告訴任何人這件事。肯定沒什麼大不了，也許是有人惡作劇。

目錄

以下是地圖集的目錄，這些地圖描繪了我——康尼留斯·華特斯——曾經踏過的土地。我將出現在這些區域的生物記錄下來，並標明牠們的位置。

華特斯真的能旅行這麼遠嗎？跟那時代的其他人比起來，華特斯的旅行距離更遠、範圍也更大。

——露絲

奧克尼群島

昔得蘭群島

北大西洋

4. 海人馬

6. 小山怪

5.
尼斯湖水怪

北海

蘇格蘭

$♀ = R$

我們的船被兩隻水獵犬追趕，牠們的吼叫聲大到足以吵醒死去的人。

1. 水獵犬

你可以在這裡看到非常奇妙的景觀：巨人堤道。

跟綠人說話最好保持尊敬，因為綠人其實不像很多人想的那樣總是很友善。

7.
綠人

8.
內陸美人魚

2.
巨人芽恩

北愛爾蘭

愛爾蘭

愛爾蘭海

英國

一個愛爾蘭小妖精在樹旁讓我看了他的金子。我在那棵樹上做了記號。可是後來再回去時，每棵樹上都出現了同樣的記號。

3.
愛爾蘭小妖精

12. 威爾斯龍

9.
歌革和瑪各

凱爾特海

威爾斯

英格蘭

大不列顛與愛爾蘭

10.
皮斯基

11. 水龍

我的資深副手在皮斯基的帶領下迷路了。醒來時，竟然困在沼澤中。

英吉利海峽

12

大不列顛與愛爾蘭

這些凶猛、神祕的怪獸經常出現在我小時候的噩夢。假若這樣的生物出現在我的家鄉，寬廣的世界還會有什麼樣的驚奇？

1. 水獵犬：這種愛爾蘭生物會移動很長的距離，跨越陸地或海水，尋找人類作為獵物。

2. 巨人芬恩：這位愛爾蘭巨人戰士有古老的精靈血統。牠最著名的事蹟是打敗蘇格蘭巨人貝南多納。

3. 愛爾蘭小妖精：穿著紅色或綠色衣物。因為會做鞋子，所以還穿著皮製的鞋匠圍裙。這種生物會把寶藏藏在彩虹盡頭。有些愛爾蘭小妖精會實現你的心願，可是千萬小心！牠們也喜歡捉弄人類。

4. 海人馬：這種奧克尼群島的生物像是馬匹和騎士的合體。海人馬既沒有皮膚也沒有毛髮，全身都是光滑、飽含水分的肉。

5. 尼斯湖水怪：這種惡名昭彰的生物住在蘇格蘭尼斯湖。西元565年，聖高隆第一次目睹尼斯湖水怪。牠的身軀龐大，長長的脖子就像是蛇一樣。

6. 小山怪：來自不列顛群島最北方。小山怪長得像是北歐的山怪，只是體型比較小。這種生物經常喜歡騙提琴手到牠們位在地底的住處替牠們演奏。小山怪無法在陽光下生活，只在夜間外出。

7. 綠人：一種林地精靈，全身都是葉子與樹枝。英國不同地區的人用不同名字稱呼牠，包括綠喬治、冬青人、綠傑克等。

8. 內陸美人魚：英格蘭峰區水域的美人魚。金德斯科特高地的美人魚有讓人長生不老的能力。黑密爾沼澤的美人魚則會把人類拖到水底溺死。

9. 歌革和瑪各：歌革和瑪各是看守倫敦市的巨人。有人說戰士布魯圖斯用鐵鍊拴住兩名巨人，強迫兩人為這座城市工作。

10. 皮斯基：奇特的生物，紅頭髮、尖耳朵。皮斯基會偷馬，然後騎著馬繞圈圈，製造出叫做「妖精輪」的陷阱。如果雙腳都踏在妖精輪裡，就會變成皮斯基的囚犯。

11. 水龍：水龍居住在名為「水龍洞」的水域。西薩塞克斯郡的立明斯特水龍洞住著一條嚇人的龍。這條龍後來被吉姆•派克擊敗，他用加了毒藥的薩塞克斯布丁殺了這條龍。

12. 威爾斯龍：這條紅色的龍是威爾斯的象徵。西元五世紀的英國國王沃蒂根想建城堡，城堡卻每晚都坍塌。後來，小男孩梅林向國王解釋，那是因為塔下有兩條龍（一紅一白）在戰鬥。最後，紅龍擊敗了白龍。

我不能留在這裡。
我最大的願望是研究地球上
每一吋土地的生物，
把牠們記錄下來。
我買了牛皮紙，
卻被一場奇怪的火災燒毀，
留下的灰燼排成詭異的形狀：

我們的船：祥龍號，
在1563年7月2日離開南漢普頓，
我確信一定有新的驚奇
在等待我們。

巨人堤道的故事

巨人芬恩把石頭丟到大海對面，製造出通往蘇格蘭的堤道。不過，等牠發現蘇格蘭巨人貝南多納比牠更巨大時就退縮了。貝南多納前來尋找芬恩，可是芬恩的太太把芬恩打扮成嬰兒。貝南多納看到後就逃走了，如果這個怪物是寶寶，那牠爸爸會多巨大呀？

巨人堤道位在北愛爾蘭的安特里姆郡。

華特斯顯然相信這些符號有意義！有確切紀錄表示一艘名為祥龍號的船在1563年7月離開南漢普頓。那就是華特斯的船嗎？

——露絲

就算到了今天仍有許多人說他們看見了尼斯湖水怪。人類想要相信超自然力量的念頭，從來不是新鮮事。

——露絲

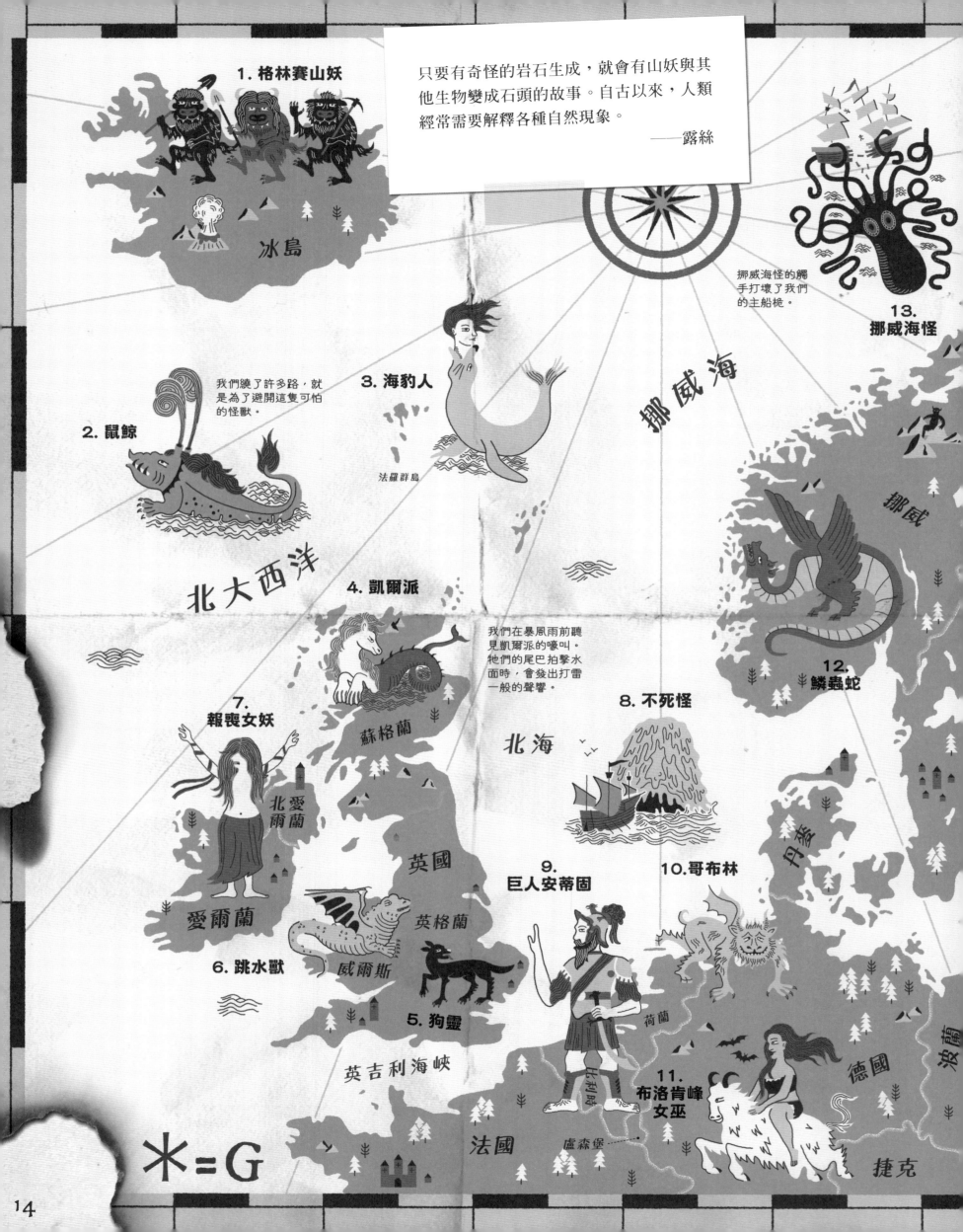

1. 格林賽山妖

冰島

只要有奇怪的岩石生成，就會有山妖與其他生物變成石頭的故事。自古以來，人類經常需要解釋各種自然現象。

——露絲

挪威海怪的觸手打壞了我們的主船桅。

13. 挪威海怪

我們繞了許多路，就是為了避開這隻可怕的怪獸。

3. 海豹人

2. 鼠鯨

法羅群島

挪威海

挪威

北大西洋

4. 凱爾派

我們在暴風雨前聽見凱爾派的嚎叫。牠們的尾巴拍擊水面時，會發出打雷一般的聲響。

12. 鱗蟲蛇

7. 報喪女妖

蘇格蘭

北海

8. 不死怪

北愛爾蘭

丹麥

英國

9. 巨人安蒂固

10. 哥布林

愛爾蘭

英格蘭

6. 跳水獸

威爾斯

荷蘭

5. 狗靈

11. 布洛肯峰女巫

英吉利海峽

比利時

德國

波蘭

✳ = G

法國

盧森堡

捷克

14

15.
安德瓦利

22.
萊西

瑞典

16.
永恆海妖

白海

芬蘭

14.
芬里爾

波羅的海

17. 芬蘭大地巨人

23.
俄羅斯
水精靈

小哈爾給俄羅斯水精靈一些魚當作禮物,讓我們安全渡河。這方法確實奏效了。

19.
內林嘉

18. 巨人托爾

俄羅斯

Ψ=A

拉脫維亞

立陶宛

20.
布拉河怪

北歐

白俄羅斯

21.
瓦維爾龍

烏克蘭

華特斯從英國航行到北歐，他堅決相信自己正在追隨這些神話生物的蹤跡。我還是很疑惑，他為什麼看不出那是旅行者口耳相傳的故事呢？

——露絲

北歐

我從家鄉出發，沿著北歐航行。這些寒冷土地上的生物神祕又危險，最好避免與這樣的怪物接觸，不過我的船員都精神抖擻。

1. 格林賽山妖： 這三個醜惡的山妖在西峽灣區和冰島其他地方挖掘地道，卻沒留意黎明即將降臨。太陽將牠們變為石頭，直到今天還保持岩石的狀態。

2. 鼠鯨： 冰島水域的邪惡怪獸。牙齒如剃刀般鋒利，尾巴如長鞭，移動速度驚人。

3. 海豹人： 出現在法羅群島、蘇格蘭、愛爾蘭和冰島。在海裡是海豹，上岸就變成人類。許多男人會娶海豹人太太，並把牠們的海豹皮藏起來，讓牠們沒辦法回到海裡。這樣的故事經常以悲劇收場。

4. 凱爾派： 蘇格蘭水鬼，現身時像是眼睛閃閃發亮的馬。凱爾派會在淺灘或湖泊邊出現，吃掉受害者，只留下內臟在水上漂。

5. 狗靈： 這種惡魔般的黑狗來自英格蘭東部，在漆黑的夜晚出沒。旅人可以在河邊、沼澤或墓園找到牠們毛茸茸的外皮和冰冷的氣息。

6. 跳水獸： 威爾斯水怪，這種怪獸的尾巴有鱗片，翅膀像蝙蝠。常躲在湖裡，會把漁夫拖進水中溺死。

7. 報喪女妖： 可怕的精靈。愛爾蘭人最怕報喪女妖恐怖的尖叫聲。牠的頭髮又蓬又亂，眼睛因過度哭泣而乾涸。最好避開報喪女妖的哀嚎，因為牠會預知死亡。

8. 不死怪： 根據北歐神話，不死怪是在海上迷失方向的水手變成的鬼魂。這種身上蓋滿水草的妖怪相當駭人。不死怪在暴風雨夜擊沉漁夫的小船時，人們總會聽見毛骨悚然的尖叫聲。

9. 巨人安蒂固： 古時候，巨人安蒂固脅迫比利時所有船長，必須付錢才准通過須耳德河，否則就要砍掉他們的手。最後，羅馬士兵布拉博殺死了巨人。

10. 哥布林： 許多國家都曾出現哥布林的蹤跡。在荷蘭，如果你在睡前吃了起司，哥布林就會趁你睡覺時，坐在你的胸膛上，害你做可怕的起司夢。

德倫特省的村民曾經與一群哥布林作戰，直到太陽升起，哥布林變成石頭為止。

11. 布洛肯峰女巫： 每年在女巫節當天（五月一日五朔節前一天晚上），女巫們會騎掃帚或山羊，集結在德國哈茨山的布洛肯峰，跳整晚的舞。

12. 鱗蟲蛇： 這種大蛇常待在墓地或沒有人去的地方。牠會像蛇一樣脫皮，還會把人一口氣吞進肚子。斯堪地那維亞地區有許多鱗蟲蛇的故事。

13. 挪威海怪： 北歐神話裡外型像章魚的深海怪物。挪威海怪會招來狂亂的暴風，將船隻拖進牠等待許久的觸手，然後把船吞下肚。

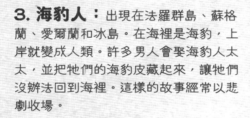

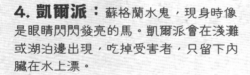

根據北歐神話，芬里爾逃脫時，會吞下眾神之王奧丁。西元9到11世紀間，古老的「北陸」神話跟著維京人一起傳播到斯堪地那維亞和北歐地區。芬里爾是另一位天神洛基的兒子。

——露絲

8.

牠在與陰間惡魔「邪惡一號」戰鬥時不小心跌在地上，頭和身體就這樣成為地面扭曲、變形的巨石。

19. 內林嘉： 立陶宛的女巨人，牠在沙丘上放置緞帶，保護漁夫的家不受可怕的海龍攻擊。漁夫們用女巨人的名字為城鎮命名，表達他們的感謝。

20. 歐布拉河怪： 這種恐怖的生物躲在波蘭的歐布拉河。有人說歐布拉長得像蛇，也有人說像巨大的鯰魚。

21. 瓦維爾龍： 波蘭古城克拉科夫的瓦維爾城堡底下有一個洞穴，住著會吃人的惡龍。這條龍最後被平凡的鞋匠打敗。鞋匠在羊身上塗了硫磺，餵給龍吃。龍吃下肚後，嘴巴非常灼熱，喝下大量維斯瓦河的冰涼河水，最後撐破肚子而死。

22. 萊西： 詭計多端的森林精靈。出現時，像是穿著破爛綠衣的老人。萊西會讓旅行的人迷路，不過會保護自然生態。人們可以在夜裡聽見萊西的笑聲。東歐斯拉夫民間故事裡有許多關於萊西的故事。

23. 俄羅斯水精靈： 斯拉夫神話中古老的水精靈。俄羅斯水精靈現身時是毛髮濃密的老人，撐著長滿青苔的木頭。這種生物會把人類引誘到河邊和池塘邊，把他們拖進水裡淹死。

14. 芬里爾： 這頭巨狼十分危險，北歐眾神只好將牠綁在岩石上。拴住牠的鏈條由精靈製成，材料包括魚的氣息、貓的腳步、熊的膽子、鳥的靈魂、女人的鬍子，還有山的鬚根。

15. 安德瓦利： 住在瀑布底下的小矮人。安德瓦利曾經擁有一只能夠帶來豐厚財富的魔戒。北歐天神洛基偷走戒指的時候，安德瓦利詛咒洛基，也詛咒戒指即將帶來的財富。

16. 永恆海妖： 芬蘭附近的恐怖海怪，是所有疾病的父親。

17. 芬蘭大地巨人： 芬蘭身形龐大的沉睡巨人。牠睡了好久好久，久到用來當作棉被的土壤長出了森林。牠一面睡覺，一面吸收智慧。

18. 巨人托爾： 托爾是愛沙尼亞薩雷馬島的巨人英雄。

在環境險惡的北國待了三個月後，我下令組員掉頭往南，因為冬天就要來了。

準備離開時，眼睛銳利的哈爾要我爬到烏鴉巢向下看，冰面深深的縫隙間有奇怪的圖樣。

我不懂那些字有什麼意義，看來像是古老的文字：

23.

12.

15.

華特斯生在迷信的時代，當時的人在自然現象裡尋找各種意義，像華特斯就以為冰上的紋路是文字。

——露絲

20.

21.

19.

16.

13.

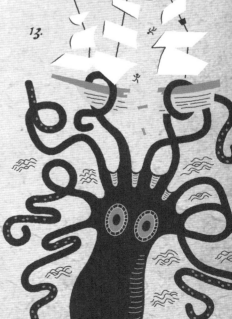

9.

3.

4.

17.

7.

5. 布拉茲

我們的船差一點就要被布拉茲抓住。

9. 白夫人

8. 夜行馬

我和白夫人共舞了好幾個小時。

法國

7. 泰拉斯克巨獸

南歐　比斯開灣

1. 鬼格

6. 盧卡寇

安道爾

葡萄牙

西班牙

3. 阿爾諾桑

我們從蛇仙手中贏得一袋黃金。

2. 薩加隆

我們在打雷的夜晚見到全身火焰的阿爾諾桑。

4. 蛇仙

德國

19. 魔像

捷克
共和國

斯洛伐克

17. 奧夫哈克

列支敦斯登

18. 塔佐蠕蟲

奧地利

匈牙利

10. 牛胃怪

瑞士

一個旅行者把這隻怪獸的骨骸賣給我。

20. 葛拉邦西亞和佐馬克龍

11. 坎卜斯

斯洛維尼亞

克羅埃西亞

12. 蓋朗多水龍

聖馬利諾

波士尼亞與赫塞哥維納

21. 布卡耶

塞爾維亞

我們堵住耳朵，不聽布卡耶可怕的叫聲。

蓋朗多水龍的肋骨保存在義大利小鎮皮齊蓋托內，聖巴希亞諾的教堂。

摩納哥

亞得里亞海

蒙特內哥羅

科索沃

⊕=W

科西嘉島（法國）

13. 真實之口

梵蒂岡城

第勒尼安海

義大利

阿爾巴尼亞

15. 井底長髮妖

14. 席拉

薩丁尼亞島（義大利）

愛奧尼亞海

席拉害我失去三個手下：凱茲比、傑伊納，還有泰爾布。

地中海

14. 卡力布狄斯

西西里島（義大利）

美西納海峽

16. 阿卡丁

馬爾他島

南歐

南歐險惡的水域和土地住了許多可怕的生物。

短短兩天前，我們又發現了新的怪獸。

華特斯顯然相信他真的在觀察這些怪物。他真的「看見」牠們了嗎？還是只是因為太渴望見到這些生物，所以以為自己看見了？

——露絲

1. 鬼格：來自西班牙的坎塔布里亞。鬼格有三個閃閃發光的眼睛，手臂上沒有手掌，也沒有指頭。人類母親會在嬰兒搖籃裡放冬青樹枝，保護寶寶不受鬼格侵襲，因為鬼格很討厭冬青樹。

2. 薩加隆：西班牙札摩拉地區的大巨人。桑索萊斯的村民每年都會扮成薩加隆參加遊行。

3. 阿爾諾桑：邪惡的阿爾諾桑在自己的家園犯下可怕的罪，危害當地居民，因此受到詛咒，必須騎在永遠不會死的馬身上，不斷飛奔，一輩子被惡魔狗追趕。阿爾諾桑在暴風雨的夜裡騎上馬，全身被火焰包圍。

4. 蛇仙：出現在葡萄牙附近。頭和身體像美女，卻有蛇的尾巴。蛇仙受到詛咒，必須守護寶藏，並尋找能夠幫忙解除詛咒的人類。

5. 布拉茲：法國不列塔尼的巨人，巨大的手臂像鉤子一樣。牠的胃口奇大，就算吞下一艘三桅大帆船也不會飽。

6. 盧卡寇：這種怪獸長著蝸牛殼，住在法國西南部的洞穴。牠會用黏答答的觸手抓住人類。

7. 泰拉斯克巨獸：這種巨獸出現在南法普羅旺斯。牠長得很像龍，半是動物，半是魚類。

8. 夜行馬：在法國發現的怪馬，非常美麗。夜行馬會在沒有月亮的夜晚，等待人類騎上牠。騎馬的人一登上馬，這種怪物就會加速飛奔，速度甚至比颱風還要快。等到夜晚結束，騎士不是累死，就是被馬兒踩死。

9. 白夫人：這些幽靈身穿白衣，突襲旅行中的人，邀他們一起跳舞。如果對方同意，白夫人會很正經地開始跳舞，然後消失。

拒絕共舞的旅行者會被這種幽靈的同類（都是夜間生物）折磨糾纏，包括貓頭鷹、貓和惡魔哥布林。白夫人出現在法國民間故事裡。

10. 牛胃怪：牛胃怪住在瑞士阿爾卑斯山的洛森湖。這種怪物的形狀就像牛的胃，是塊狀的，全身長滿好幾百顆一睜一闔的眼睛。

11. 坎卜斯：這種生物一半是山羊、一半是惡魔。聖誕節時出現在南歐許多國家，背上揹著大袋子，帶走頑皮小孩。

12. 蓋朗多水龍：義大利蓋朗多湖的惡龍。人們為了殺死這條龍，把湖水全部抽乾。

13. 真實之口：這張醜惡的大理石臉是古代神的模樣。張大的嘴巴準備吞下說謊者的手。你可以在羅馬市找到真實之口。

14. 席拉和卡力布狄斯：這兩隻可怕的怪獸住在狹窄的美西納海峽兩側，也就是義大利與西西里島之間。水手必須做出選擇，決定要冒險從哪一側通過。

15. 井底長髮妖：這個老女巫住在薩丁尼亞的井底。牠的頭髮非常亂，亂到牠永遠都在梳頭。掉進井裡的小孩會被迫一輩子為牠梳頭。

16. 阿卡丁：西西里島的魔法噴泉，能夠分辨謊言和實話。把你寫下的東西丟進水中，實話會浮起來，謊話會沉下去。

17.奧夫哈克：出沒在德國森林。奧夫哈克這個名字在德語中的意思是「跳到身上」，這是牠攻擊的方式，牠會跳到受害者背上，撕裂他們的喉嚨。奧夫哈克現身時，有時是黑狗，有時是馬或人類。

18. 塔佐蠕蟲：塔佐蠕蟲長兩公尺，像蛇的身體長著鱗片，還有貓一般的頭。塔佐蠕蟲吐出的火焰有毒，住在山壁的縫隙中。

19. 魔像：魔像是泥巴做成的生物，被魔法賦予生命，會聽從主人的命令。如果沒收魔像的名字，牠就會重新化為塵土。魔像出現在猶太神話故事中，最有名的魔像在捷克的布拉格製成。

20. 葛拉邦西亞和佐馬克龍：葛拉邦西亞是匈牙利偉大的魔術師，懂得捕捉並操控佐馬克龍，這種龍會用翅膀製造暴風雨。

21. 布卡耶：這種頭上有角、六條腿的怪獸住在水裡，像是湖泊或池塘。布卡耶會發出恐怖的叫聲，然後勒死獵物。在克羅埃西亞語中，「布卡」就是「噪音」的意思。

南歐的怪物傳說

南歐各地的智者跟我說了以下的故事。我把我的筆記附在這裡，以便好好保存。

瑪莎與泰拉斯克巨獸

聖瑪莎馴服了泰拉斯克巨獸，她溫柔地跟這隻生物說話，把她的腰帶掛在怪獸脖子上。小鎮居民因為害怕殺死了怪獸，可是立刻就後悔了，因為怪獸完全沒有抵抗。人們為了紀念這隻怪獸，便用牠的名字重新命名小鎮，而且每年都會拿著怪獸的雕像在鎮上遊行。

我們勇敢地在南歐各地旅行超過三個月，而行程還沒有結束，我們即將前往希臘的島嶼。

當我們駕船遠離恐怖的席拉時，上層甲板出現一大堆海草。

> 20世紀初期，日內瓦科學研究院出現一張假造的塔佐蠕蟲骨骸照。這就是華特斯在地圖裡提到的那些骨骸嗎？不過這些骨骸已經不見了。
>
> ——露絲

布拉格的魔像

我親眼見過人們為了保護自己的小鎮不受攻擊，在布拉格製造有名的魔像。這尊魔像用夫爾塔瓦河邊的泥土製成，由猶太教士賦予生命。魔像完成工作後，因為求愛不成而變得暴力，猶太教士於是讓魔像失去法力。魔像的身體放在教堂閣樓，等待下次危機來臨時重新啟動。

小哈爾正準備移開海草，海草卻排成了神祕的圖形，我把它們畫在下面：

只不過，我並不明白這些形狀的意思。

席拉與卡力布狄斯

席拉曾經是美麗的水中女神，不過後來被嫉妒的巫婆變成可怕的海怪。席拉全身都是扭動的觸手，還有好多個頭。卡力布狄斯一直非常口渴，牠會吞下大量的水，然後把水吐出來，形成危險的漩渦。

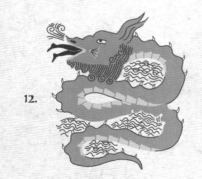

> 華特斯似乎堅決相信海草在傳達某種訊息！他應該在學校學過希臘傳奇英雄尤里西斯的故事，所以把失去三個隊員的事，怪罪於尤里西斯遇到的神話生物席拉與卡力布狄斯。不過，他也沒說自己真的見過任何一隻怪獸。
>
> ——露絲

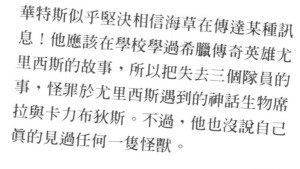

3. 狼人

只有一種東西可以殺掉狼人:銀製子彈。

匈牙利

1. 吸血鬼

吸血鬼無法忍受大蒜的氣味。

摩爾多瓦

克羅埃西亞

4. 聖山巨人

聖山巨人常出現在斯拉夫故事裡,但我在這裡才遇到牠。

羅馬尼亞

2. 巴拉烏爾

波士尼亞與赫塞哥維納

蒙特內哥羅

塞爾維亞

科索沃

黑海

馬其頓

10. 海克力斯

海克力斯不是怪獸,而是英雄,打敗許多野獸。

保加利亞

阿爾巴尼亞

5. 半人馬

馬爾馬拉海

希臘

愛琴海

土耳其

愛奧尼亞海

6. 鳥身女妖

9. 獅面蛇尾羊

7. 獨眼巨人

8. 牛頭人

克里特島(希臘)

地中海

東南歐

兀 = D

東南歐

跟躲在東南歐陸地上的危險相比，這裡的海洋根本不算什麼。希臘的怪獸特別讓人害怕。

1. 吸血鬼：已經死去，卻沒有真正死掉的生物。這些「未死者」在夜裡走動，從受害者的脖子吸血。東南歐到處都有吸血鬼的蹤跡。

2. 巴拉烏爾：長了許多頭的蛇狀邪惡生物。巴拉烏爾會吃人，出現在羅馬尼亞。

3. 狼人：狼人會在滿月時從人變成怪物，力氣比一般人還大，只有吃人才會飽足。狼人在歐洲十分普遍。

4. 聖山巨人：這個巨人力氣非常大，但是結局悲慘。聖山巨人找到一個十分沉重的魔法袋，袋子重到連牠都提不起來。努力好幾小時以後，牠的身體沉到地底，最後死去。

5. 半人馬：這種半人半馬的凶猛生物在希臘山區與森林走動。半人馬很有智慧又慷慨，不過脾氣火爆。

6. 鳥身女妖：鳥身女妖的身體是鳥類，臉孔卻是狂野的女人。牠們是可怕的暴風雨精靈，有銅做的翅膀和爪子。

7. 獨眼巨人：恐怖的獨眼巨人來自希臘。最惡名昭彰的獨眼巨人是波呂斐摩斯，牠抓了英雄尤里西斯和他的船員。尤里西斯的手下在巨人睡著時弄瞎了巨人的眼睛，才讓尤里西斯成功逃脫。

8. 牛頭人：克里特島的米諾斯國王建了一座沒有出口的迷宮，把會吃人的牛頭人關在裡頭。提修斯在國王女兒阿麗雅德妮的幫助下殺死了牛頭人，後來又靠著公主給的毛線球找到迷宮出口。

9. 獅面蛇尾羊：這種噴火怪獸在土耳其造成一連串的破壞。獅面蛇尾羊的頭像獅子、尾巴像蛇、身體像山羊。最後，英雄柏勒洛豐騎著飛馬佩格索斯殺死了這種怪物。

就算用一輩子研究這片土地上的生物，也沒辦法什麼都知道，所以我們繼續往東航行。

當我們升起船帆，一群怪異的鳥兒聚集過來，用鳥嘴拉扯我們的船帆。

鳥兒留下的痕跡讓我在夢中都餘悸猶存。

也有人說聖山巨人爬進空棺材測量大小，卻不幸被困在裡頭。
——露絲

這些符號顯然是華特斯過度想像的結果。鳥類才不可能製造這麼複雜的符號！
——露絲

海克力斯的試煉

南歐和東南歐地圖上的許多怪獸都來自古希臘神話，像是阿卡丁、半人馬、鳥身女妖、席拉與卡力布狄斯、獅面蛇尾羊、獨眼巨人，還有牛頭人。
——露絲

10. 海克力斯：希臘英雄海克力斯奉命完成十二項挑戰。這是為了懲罰他在一氣之下殺害家人的怪獸。他的挑戰包括擊敗某些可怕的怪獸，不過因為數量太多，無法在這張地圖上標示，所以我在這裡列舉當中最嚇人的怪獸。

尼米亞猛獅

鐵器、銅器、石頭都無法殺死這隻巨大的獅子。後來，海克力斯用手將獅子勒斃。

九頭蛇

多頭海怪。砍掉一顆頭，就會長出另外兩顆。海克力斯用火燒怪獸身上所有的傷口，讓頭沒辦法再長出來。最後一顆頭砍不掉，只好埋在石頭底下。

格律翁

格律翁是放牧者，有三顆頭、三雙腿和一隻非常可怕的狗。海克力斯奉命捕捉格律翁的牛群。

史丁法羅斯湖的怪鳥

這些凶猛的鳥類有青銅鳥嘴和腳爪，而且牠們的糞便有毒。海克力斯在尼米亞獅皮的保護下，殺死了這些怪鳥。

地獄犬

看守地獄的三頭犬。海克力斯成功抓到這隻野獸，但不久後就讓牠回到工作崗位。

23

卡拉海

巴倫支海

1. 俄羅斯大鵬

2. 芭芭雅嘎

我們在這些巨石腳下，讚嘆不已。

6. 曼普普納巨人

7. 阿爾普

8. 火鳥

3. 琪琪莫拉和毛怪守護靈

4. 夜鶯大盜

為了平息琪琪莫拉的怒氣，哈爾用蕨茶清洗我們所有的鍋碗瓢盆。

5. 半人怪

9. 伏龍

我要詛咒可惡的夜鶯大盜，牠偷了我的錢包！

烏克蘭

哈薩克

16. 獅鷲

15. 亞茲拉爾

黑海

喬治亞

亞塞拜然

亞美尼亞

土耳其

烏茲別克

吉爾吉斯

中國

土庫曼

伊朗

阿富汗

塔吉克

17. 吉爾吉斯七公牛

拉普提夫海

東西伯利亞海

ㅏ=O

14. 樹樂兒

11. 科澤

11. 庫特

俄羅斯

10.
艾奧克龍

13. 阿爾瑪斯

12. 卡邁利

卡邁利作亂時，
山上冒出大火。

鄂霍次克海

日本海

北韓

南韓

日本

俄羅斯
與中亞

25

俄羅斯與中亞

我們繼續航行，抵達東方世界的北部，有些地方真的很偏僻。這裡的人們傳說猛獸躲在蓋滿白雪的山頂，或是陰暗的森林。這些生物來自大地、空氣與火焰，是非常危險的怪獸。

1. 俄羅斯大鵬： 俄羅斯西北部的巨大鳥類。長得像老鷹，只是體型比老鷹大很多。

2. 芭芭雅嘎： 斯拉夫民間故事中可怕的巫婆（斯拉夫指來自東歐，且彼此習俗和語言類似的人）。芭芭雅嘎有鐵做的牙齒，身體瘦得像骷髏，渴求人血。牠住在長有雞爪、會移動的小屋，四周的圍籬用受害者的骨頭做成。

3. 琪琪莫拉和毛怪守護靈： 毛怪守護靈是俄羅斯的家庭精靈，個子很小，還長了鬍子，通常會跟琪琪莫拉結婚。琪琪莫拉是負責照顧雞群和屋子的精靈，通常會保護人類。但要是家裡亂糟糟，就會氣得亂丟東西。

4. 夜鶯大盜： 烏克蘭的車尼哥夫和基輔之間有棵巨大的樹，半人半鳥的夜鶯大盜就住在上頭。這種生物會對路人尖叫，殺害他們並偷走財物。

5. 半人怪： 這種奇特的怪獸出現在伏爾加河附近。牠有半個身體、一隻手臂、一個手掌、一條腿、一隻腳和只有一顆眼睛的頭。半人怪會誘捕旅行者，然後把他們勒死。

6. 曼普普納巨人： 這七個石頭巨人出現在俄羅斯西北部，凍結在覆滿白雪的山頂。七個巨人在穿越山區去征服鄰近的曼西人時，看到神聖的曼西山，帶頭的巨人丟下鼓，接著，七個巨人全部變成了石頭。

7. 阿爾普： 有些人說阿爾普是狼人，其他人則認為阿爾普是吸血鬼，不過大家都認同這種生物非常危險。阿爾普白天在俄羅斯的墓園

7.

睡覺，夜裡出來獵捕人類。

8. 火鳥： 火鳥是斯拉夫傳說中的鳥類，長得很像孔雀。不過火鳥的羽毛帶著火焰的色彩，閃閃發光。只要一根，就能照亮很大的房間，讓房間充滿紅色、橘色和黃色的光。

9. 伏龍： 俄羅斯和中亞地區有許多龍，大家叫牠們伏龍，其中最凶猛的叫做都加林。英雄阿羅夏・波波維奇與都加林伏龍戰鬥，可是始終無法戰勝。後來，暴風雨撕裂龍的翅膀，怪獸倒地，波波維奇才砍掉牠的頭。

10. 艾奧克龍： 這種龍的故事在西伯利亞的布里亞特人之間流傳。艾奧克龍非常巨大，翅膀遮蔽整片天空。牠會吃月亮，每天吃一小塊，可是因為吃不下，最後又把月亮吐回天空。艾奧克龍有時也會吃太陽，但太陽實在太燙了。

11. 庫特和科澤： 烏鴉精靈庫特在乘坐由小狗拉動的雪橇時掉了一根羽毛。這根羽毛變成山脈，堪察加半島就是這樣生成的。狗兒科澤甩掉毛皮上的雪時，就會造成地震。

12. 卡邁利： 惡魔卡邁利住在東俄羅斯堪察加半島的火山。如果人類太靠近這種生物的勢力範圍，卡邁利就會爆炸，造成災害，帶來死亡。

13. 阿爾瑪斯： 這些巨人很害怕見到人類，所以全身覆滿破破爛爛的毛皮。阿爾瑪斯很少現身，可是在西伯利亞經常可以聽到牠們的叫聲。

14. 樹樂兒： 森林中的淘氣怪獸，全身毛茸茸，頭上長著一支角。樹樂兒會躲在樹林，搔癢經過的人，直到他們受不了死去為止。樹樂兒出現在俄羅斯的韃靼人與巴什喀爾人的民間故事。

15. 亞茲拉爾： 住在亞美尼亞的可怕巨人。一個在世界各地流浪的學徒最後靠智慧打敗亞茲拉爾。這個年輕人砍下亞茲拉爾的頭，然後又把頭砍成兩半。怪獸的頭慫恿年輕人再砍第三次，可是學徒拒絕了，因為如果砍第三下，亞茲拉爾就會復活。

16. 獅鷲： 巨大的鳥類，有老鷹的頭和腿，還有獅子的身體。獅鷲非常巨大，可以遮住太陽。牠們守護寶藏，用金子裝飾巢穴。許多國家都有獅鷲的蹤跡。我們在俄羅斯和中亞的金礦區聽到有關獅鷲的傳說。

17. 吉爾吉斯七公牛： 傳說有位吃醋的國王在殺死太太的時候，把這七隻巨大公牛變成了石頭。國王太太的血淹死了謀殺她的人，也把這些公牛變成峽谷中血紅色的石頭。

俄羅斯和中亞地區的怪獸不喜歡人類。一旦有人打擾，就會變得很危險。無論我們去到哪裡，冰霜上總會出現不祥的裂縫，而且每次都裂成同樣的怪異圖樣。這些圖案一定代表某些意義：

26

有人說都加林不是伏龍而是
邪惡的巨人。

——露絲

14.

6.

4.

1.

9.

17.

15.

13.

11.

11.

8.

12.

2.

16.

特斯仔細記錄了這些記號。他說的
難道是真的嗎？也許他真的看見了奇
怪的記號，可是這些記號有意義嗎？
——露絲

10.

5.

27

1. 蒙札西利

哈薩克

3. 贔屭

4. 商羊

5. 殭屍

6. 孫悟空

中　國

7. 相柳

吉爾吉斯

烏茲別克

塔吉克

阿富汗

巴基斯坦

我們在這裡參加為食人妖古魯惡魔舉辦的盛宴。

17. 古魯惡魔

西藏

18. 雪怪

尼泊爾

不丹

中國與中亞

印度

孟加拉

緬甸

28

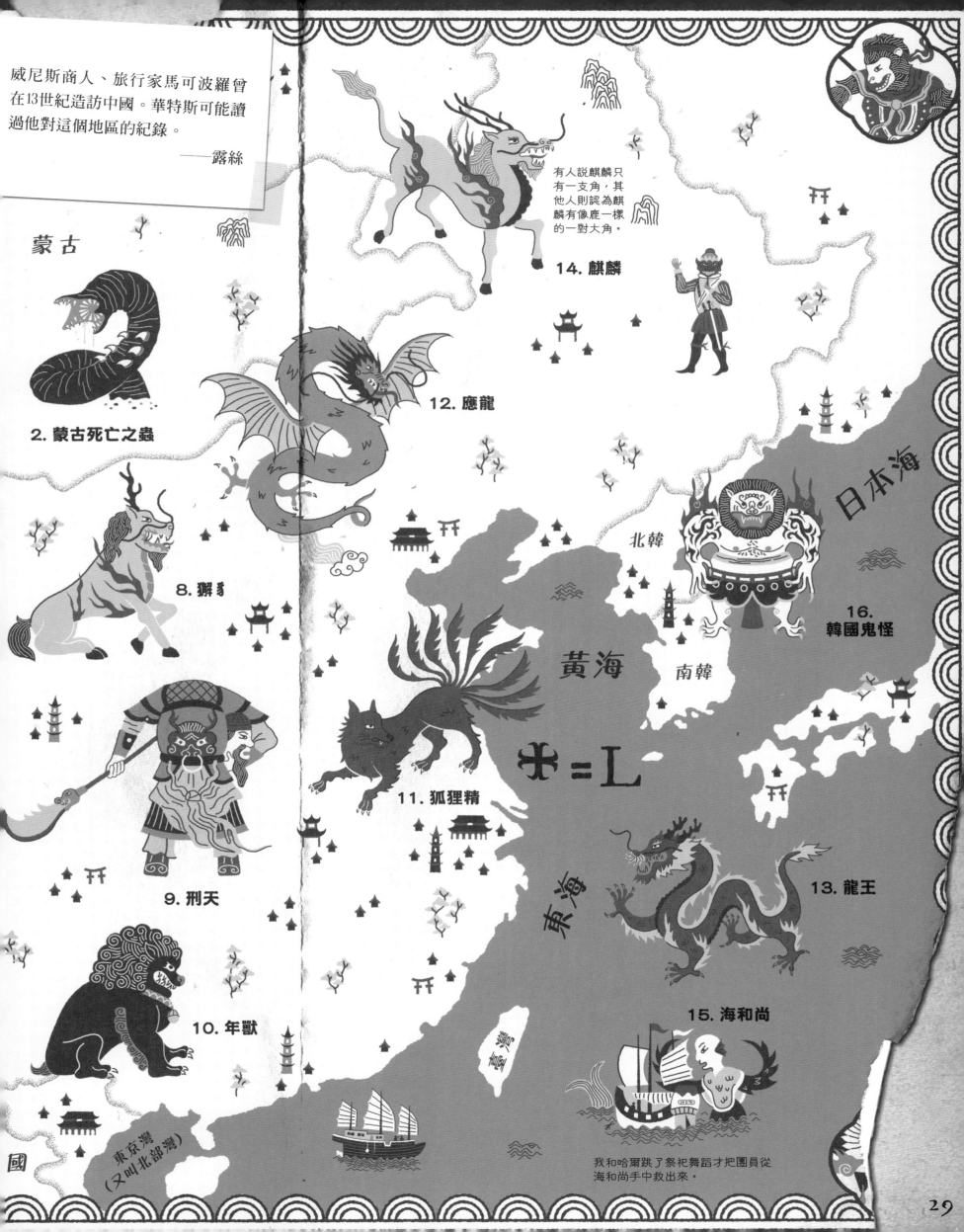

威尼斯商人、旅行家馬可波羅曾在13世紀造訪中國。華特斯可能讀過他對這個地區的紀錄。

——露絲

蒙古

2. 蒙古死亡之蟲

8. 獬豸

9. 刑天

10. 年獸

有人說麒麟只有一支角，其他人則認為麒麟有像鹿一樣的一對大角。

14. 麒麟

12. 應龍

日本海

北韓

16. 韓國鬼怪

黃海

南韓

11. 狐狸精

東海

13. 龍王

15. 海和尚

東京灣(又叫北部灣)

國

我和哈爾跳了祭祀舞蹈才把團員從海和尚手中救出來。

中國與中亞

這個地區的土地廣闊、神祕又危險。我們在高山、荒野和濃密的森林遇見非常可怕的怪獸。我寫下這些紀錄時，還忍不住全身顫抖。

1. 蒙札西利： 蒙古的大巨人。大到身體變成土地、眼睛變成太陽和月亮、血液變成河流，身體器官散發的熱氣則成為火山與地震。

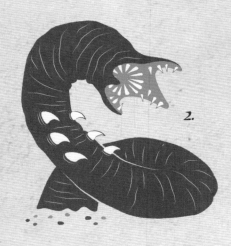

2. 蒙古死亡之蟲： 這隻巨無霸蟲子住在蒙古戈壁沙漠，會攻擊人類與動物。牠會把滿是泥濘的身體盤成一圈，噴出致命毒液。蒙古死亡之蟲會挖掘沙石，在地底移動。

3. 贔屭： 贔屭有烏龜殼，熱愛文學。中國的寺廟經常有贔屭雕像，摸這些雕像會有好運。

4. 商羊： 出現在中國的巨大鳥類，只有一條腿，被人視為「雨鳥」（雨禽）。有人說商羊會用單腿跳舞，召喚暴風雨。還有些人認為牠會用鳥嘴從河裡取水，然後把水灑在原野上。

5. 殭屍： 跳著走的吸血鬼，殺害人類並吸取他們的生命力。殭屍只在晚上出沒，白天則在棺材與洞穴裡躲避日光。

6. 孫悟空： 美猴王孫悟空是中國民間故事裡淘氣的搗蛋鬼，也是技藝高超的戰士。孫悟空曾與唐僧、沙僧和貪心的豬八戒一起往西方取經，尋找智慧，這趟旅行非常有名。

7. 相柳： 這條可怕的蛇有九個頭。相柳的排泄物有毒，會讓湖泊與河流變成難聞的沼澤。後來，英雄大禹殺死了相柳，但怪物流出的血汙染了大地。

8. 獬豸： 這種獨角怪獸長相可怕，卻很有正義感。獬豸會分辨人類的真話和謊話，牠會懲罰壞人，在爭執中揭發有罪的人。

9. 刑天： 巨人刑天沒有頭，眼睛和嘴巴長在胸前。牠是中國傳說裡黃帝的死對頭。

10. 年獸： 住在山區的可怕魔怪。在農曆新年時出現。

11. 狐狸精： 狐狸精現身時有很多不同的樣子。牠們聰明博學，但也是搗蛋鬼和變形者。活了一千年後，狐狸精會變成白色或銀色，並長出九條尾巴。

12. 應龍： 這種不尋常的龍身上沒有鱗片和羽毛，反而長滿了絨毛。傳說應龍用尾巴製造河道，阻止黃河氾濫。

13. 龍王： 四位龍王分別統治北海、南海、東海與西海。人們需要雨水時，就會送禮物給龍王。

14. 麒麟： 這種怪獸有火焰般的鱗片和馬的身體。雖然麒麟外表很嚇人，但其實是溫柔的生物。麒麟不願意傷害草，所以走在雲上，而且只吃葉子。牠會預言中國偉大英雄與智慧統治者的誕生。看見麒麟會有好運。

華特斯的直覺沒錯，中國龍和西方龍沒有關聯。

——露絲

中國龍

雖然中國龍和西方龍看起來相似，都有腿、鱗片和爪子，不過像應龍和龍王之類的中國龍是歐洲噴火龍的遠親。偉大的中國龍充滿智慧和力量，在中國很受人尊敬。中國龍一共有九種，控制宇宙的不同面向。

15. 海和尚：這種海怪會把帆船拖到水中，淹死甲板上所有的人。要是發現海和尚的蹤影，水手就會焚燒羽毛，因為海怪受不了這種味道。為了驅逐海和尚，人們必須跟著鑼的節奏，跳複雜的祭祀舞蹈。

16. 韓國鬼怪：這些愛搗蛋的小妖精出現在韓國。牠們會隱形，並且捉弄人類。韓國鬼怪常要求旅人跟牠們比賽摔角，還會偷走貪心者的錢，讓應該得到財富的人享有這些錢財。

17. 古魯惡魔：可怕的食人妖，長了怪物的獠牙。出現在尼泊爾。

18. 雪怪：毛茸茸、長得像人猿的怪物。雪怪住在山裡，像人類一樣直立行走，還會爬到喜馬拉雅山高處，尋找長在石頭上、嚐起來鹹鹹的青苔。

怪獸留下的奇怪記號一直出現在我的腦海中，讓我睡不著覺。牠們為什麼不肯放過我呢？

離開黃河時，突如其來的水龍捲粉碎了兩艘帆船。船什麼都不剩，只有零星木頭漂在水上，排成以下陰森森的圖樣：

⊕⊙ ⊕♌✳
⌾⚲♈♈♋
♉♈♌
♁♈♈♋♈

我想怪獸真的生氣了。

15.
11.
18.
1.
12.
8.
2.
4.
6.
3.

我研究過許多古代語言，這些符號跟我見過的所有語言都不一樣。我到底在說什麼呀？當然不像囉！怪獸才不會留下這些訊息，因為怪獸根本就不存在！

——露絲

中國與中亞的怪獸故事

刑天與黃帝

在激烈的大戰中，黃帝砍掉巨人刑天的頭。巨人在尋找頭的時候，把拳頭搥進山的側面，讓廣闊的森林變成平地。最後，黃帝把滾動的頭埋在山壁縫隙。可是刑天的身體長出眼睛和嘴巴，繼續作戰。

年獸的故事

每年一月一日，年獸都會跑進村莊，吃掉穀物、綁架小孩。一天，有個神明偽裝成老人，告訴村民年獸害怕的東西：噪音和紅色。此後，每到農曆新年，人們就會用紅色的東西裝飾房子，敲打花盆和鍋子、點燃爆竹，趕走年獸。

古魯惡魔的故事

有個懶惰的賭徒名叫凱夏·山卓拉。他說服古魯惡魔幫他搬運金子，並告訴惡魔，為了答謝牠的協助，牠可以吃掉村子裡頑皮的小孩。於是，古魯惡魔抓走了全村的孩子。憤怒的村民最後和惡魔達成協議：村民每年會為牠舉辦盛大的餐會，只要填飽古魯惡魔的肚子，牠就不會吃人了。

一般認爲威廉・亞當斯在西元1600年成爲第一位抵達日本的英國探險家。不過根據這份文件，華特斯來到這個國家的時間比亞當斯早了將近四十年。我們能相信華特斯嗎？還是這一切只是加油添醋的騙局？

——露絲

中國

俄羅斯

日本海

日本

太平洋

2. 肉瘤怪

3. 天井嘗

晚上，我們在住處聽見天井嘗在頭頂黑暗角落吃東西的聲音。

1. 阿伊努巨蛸

4. 燈籠鬼

6. 九頭龍

廚師的小兒子哈爾把找到的小黃瓜獻給河童，救了我們一命。

7. 河童

8. 日本鬼

5. 龍神

9. 人面樹

我和船員都試吃了這種奇怪的水果。據說這種水果能讓人長壽。

10. 鯰魚怪

$$\bigcirc\!\!\!\!| = E$$

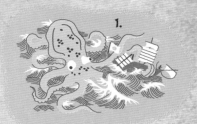

日本

日本的怪物又多又可怕。除了數量龐大的惡魔和怪獸，日本屋子裡所有的東西只要超過一百歲，就會活過來。每一個角落和縫隙都有妖怪或神祕的幽靈。

1. 阿伊努巨蛸：這種海怪很像巨大的章魚，全身通紅，散發可怕的惡臭，還會把漁夫和船拖進水裡。阿伊努巨蛸的觸手就算被切掉，還是會重新長出來。這種生物的故事出現在日本北部愛奴人的傳說中。

2. 肉瘤怪：這種全身都是肉瘤的胖嘟嘟妖怪常在街上和安靜的地方走來走去。肉瘤怪並不危險，可是聞起來常有腐肉的味道。

3. 天井嘗：天井嘗又高又瘦，舌頭又長又臭，喜歡舔天花板。牠會躲在屋子角落，等屋主離開，就去舔天花板，留下黑色的髒汙。

4. 燈籠鬼：會動的紙燈籠，只有一隻眼睛，總是吐著舌頭。真正的燈籠鬼不會害人，不過邪惡的鬼魂或是妖怪可能會偽裝成燈籠鬼。

5. 龍神：龍也出現在日本，看起來跟歐洲龍有點類似。不過日本的龍就跟中國龍一樣，是善良的生物。龍神是蛟龍，住在海底的珊瑚礁宮殿，用兩顆魔法寶石控制海浪。

6. 九頭龍：日本獨有的龍，曾經很邪惡，要求少女犧牲性命，作為祭品。不過後來九頭龍被傳教士馴服，變成保護人的神明。

7. 河童：頑皮的河怪。頭長得像猴子，背上有龜殼。河童的骨骼裡有藥水，那是牠力量的來源。河童常要求路過的旅人跟牠摔角，而且非常喜歡小黃瓜。

8. 日本鬼：可怕的山怪或力大無窮的惡魔。日本鬼的皮膚通常是藍色或紅色，還有角和獠牙。日本鬼會帶來疾病與災難，不過人們也會把日本鬼的雕像放在寺廟屋頂，好嚇跑其他怪獸。

9. 人面樹：人面樹結了許多人臉模樣的果實。這些果實會說話，不過通常只是坐在樹枝上格格笑。笑得太厲害的果子會掉到地上，被人撿起來吃掉。

10. 鯰魚怪：造成地震的大鯰魚。鯰魚怪通常由海和尚控制，這位神明會把鯰魚怪的頭壓在石頭下，但只要海和尚分心，鯰魚怪就會作亂，甩動尾巴，讓土地與海洋震動。

我們旅行了很久，
也到了很遠的地方，
可是奇怪的訊息還是一路跟著我。
我在記錄旅程的時候，
手中的羽毛筆突然活了起來，
自己寫下這些訊息：

這不是我寫的，
是羽毛筆。
那支筆已經從船上消失了。
是那些怪獸，
是妖怪，是妖⋯⋯

華特斯相信是妖怪（也就是日本民間故事裡的鬼魂）在控制他的羽毛筆。我只有一個結論：到了這個階段，他已經瘋了。

——露絲

如何打敗河童

對河童深深一鞠躬。河童非常有禮貌，向河童鞠躬會讓牠覺得自己必須回禮。當河童低下頭鞠躬的時候，頭上的魔法藥水會漏出來，減損牠的力量。

○=F

巴基斯坦

16. 阿波邏羅

尼泊爾

13. 羅剎

不丹

14. 毘陀羅

12. 印度納迦

孟加拉

11. 欽特

緬甸

泰國

15. 畢舍遮

印度

孟加拉灣

我了解到怪物不在乎人類創造的國界。牠們橫跨地理邊界、宗教和文化。就像納迦，納迦出沒在南亞和東南亞地區。印度教、佛教和耆那教的故事也都曾出現這種怪物。

——露絲

17. 女人花

阿拉伯海

我的三名船員被這株植物迷惑了好幾天。

斯里蘭卡

Ψ=B

9. 摩伽羅

34

妖怪密碼對照表

A	B	C	D	E	F	G	H	I	J	K	L	M

N	O	P	Q	R	S	T	U	V	W	X	Y	Z

common master press+ 大家出版　mc 小大家

小大家書系　● 適讀年齡：七歲以上　● 知識性橋樑書籍　● 圖文精美具藝術性

犯人就是你！

安潔絲・納維多◎著
喬帝・桑耶◎繪
李家蘭◎譯
定價：450 元
ISBN：978-986-97069-7-1
頁數：48 ／全彩精裝

動物博物館

珍妮・布魯姆◎著
凱蒂・史考特◎繪
王心瑩◎譯
定價：900 元
ISBN：978-986-92961-2-0
頁數：112 ／全彩精裝

植物博物館

凱西・威利斯◎著
凱蒂・史考特◎繪
周沛郁◎譯
定價：900 元
ISBN：978-986-94603-6-1
頁數：112 ／全彩精裝

★ 觀察力 × 推理力 × 成就感
★ 字謎遊戲、另類數獨、有趣迷宮
★ 生活經驗應用、益智推理、比一比
　找不同
★ 視覺分析、數理思維、語文能力、
　論證思考

從微小的細節推斷事件原貌；將複雜的概
念分門別類整理
這不只是偵探的工作，更是現代人應該具
備的能力
而最好的邏輯推理訓練，就在遊戲當中！

盛大的派對因為一聲尖叫變了調。知
名魔術師遭到重擊，失去意識倒臥在
地上。犯人在逃跑時留下一個鞋印，
你能幫忙比對眾人有點像又不太像的
鞋底紋路，找出鞋印的主人嗎？

饒舌天王樂團的復出演唱會獲得滿堂
喝采。主唱卻在個人休息室遭到攻
擊，犯人甚至偷走了昂貴的吉他和新
專輯的母帶，接下來的活動全泡湯
了！幸好警方已經鎖定一位嫌疑人，
但他為了脫罪，扯出各種謊言。你能
從供詞當中找出前後矛盾的地方嗎？

9 個謎團，70 條線索，各式各樣的動
腦遊戲，等你來挑戰！

★ 第七十一梯次好書大家讀
★ 2016 英國圖書資訊學會
　凱特・格林威童書大獎決選
★ 2015 英國圖書信託基金
　藍彼得最佳知識童書大獎
★ 2015 英國圖書裝幀設計大獎
　童書類決選
★ 2015 學校圖書館學會知識童書大獎
　決選
★ 2014 英國國家圖書大獎
　年度最佳童書
★ 2014 週日時報年度最佳童書

精品級的畫工，古典風的藝品，一整
座自然史博物館。

跨越 5 億年的時序，以 157 張精美彩
圖，呈現 160 多種動物、6 種生態系，
譜寫出地球現有生物的完整族譜！內
含精美「生命樹」跨頁，生物演化過
程一目了然！

專業審訂推薦
國立師範大學生命科學系林思民教授：「精緻
的畫工與繽紛色彩，帶領孩子們進入生物多樣
性的殿堂！」
中華民國兒童文學學會秘書長、鄭明進／台灣
圖畫書大師、蔡銘新／小茉莉親子共讀、蘇懿
禎／兒童文學工作者

★ 第七十三梯次好書大家讀
★ 2017 年 10 月 誠品青少年選書
★ Amazon 銷售排行榜冠軍，
　讀者五顆星高度推薦

這是一座指尖博物館。新生代英倫插
畫家凱蒂・史考特 × 英國皇家植物
園，聯手打造一場視覺與知識的饗
宴。

植物為何能比人類早千百萬年活在這
個世界上？如何演化成今日多采多姿
的樣貌？又是如何適應險惡環境，在
劣勢中展現強勁的生命力？凱蒂・史
考特大膽而細膩的畫風搭配凱西・威
利斯專業卻不失趣味的文字，帶領你
一同見識地球上最大、最小、最古
老、最芬芳的生命形態，一窺漫長而
迷人的植物演化故事。

藻類、苔蘚、蕨類、草本、木本、水
生、寄生、食肉……

兩百種最具代表、視覺最震撼的植物
等著你探索，迫不及待想告訴你它們
的祕密。

南亞與
東南亞

中國

臺灣

南海

菲律賓

菲律賓海

1. 無頭黑妖

我們的水手被又臭又髒的無頭黑妖抓走。後來，我們找到了這名水手，他飽受驚嚇但沒有受傷。

2. 武梭怪

武梭怪是非常笨的野獸。有很多關於人們用智慧打敗這種生物的故事。

10. 提帕卡

越南

柬埔寨

6. 納迦妮

3. 龐蒂雅娜

汶萊

4. 葛加西虎

5. 納迦蛇神

馬來西亞

西亞

新加坡

印度尼西亞

7. 獵喀魔

東帝汶

8. 巴龍

廚師的兒子哈爾負責守夜。哈爾用他的切肉刀對付會攻擊人的獵喀魔。

印度洋

南亞與東南亞

我們伴著暖風，尋找新的奇景。廣大的河流與湖泊映照著這裡的高峰與青山。我們抵達的每個地方都有新的怪物傳說。

1. 無頭黑妖：這種菲律賓的無頭怪物全身散發惡臭，出沒在荒廢的房舍。無頭黑妖會追逐人類，有時甚至會把人逼瘋，但實際上牠們只吃蜈蚣和蛇。

2. 武梭怪：菲律賓醜陋的食人魔，毛髮捲曲，有著血盆大口和兩顆突出的尖牙，而且只有一隻眼睛。武梭怪躲在墓地的樹林間，吃死人的肉維生。

3. 龐蒂雅娜：這種恐怖的女性吸血怨靈出沒在馬來西亞與印尼的叢林。牠們會吸食孩童的鮮血。

4. 葛加西虎：葛加西虎是體型龐大的老虎，出現在馬來西亞。這種大老虎會獵捕叢林中的生物，最終被鼱鹿打敗。

鼱鹿告訴葛加西虎，牠得進入大坑，否則天空要是垮下來就會砸到牠。葛加西虎進到坑裡後，其他動物立刻把洞填滿。

5. 納迦蛇神：這種半神半怪的大蛇現身時有許多模樣。在印尼和泰國，牠們長得像龍，看守大門與出入口，最多可以長七顆頭。納迦還會看守財寶。

6. 納迦妮：納迦妮是女納迦，腰部以上是女子，下半身則長了蛇尾巴。納迦妮非常美麗而且充滿智慧，有時會嫁給凡人王子。南亞和東南亞流傳著許多納迦與納迦妮的故事。

7. 獵喀魔：這種吸血鬼般的生物在白天看起來就像一般人。到了晚上，為了獲得變形的能力，獵喀魔會蒐集人類內臟來製作靈藥。獵喀魔會從墓地的屍體，甚至是熟睡的人身上取走想要的內臟。這種生物出沒在印尼的峇里島。在夜空中飛行時，頭部會與身體分離。

8. 巴龍：這種野獸有圓滾滾的眼睛和長長的尖牙，舌頭垂在嘴巴外面。儘管外型嚇人，人們認為巴龍能帶來好運，因為巴龍總是在跟吃小孩的邪惡女巫「讓特」戰鬥。巴龍同樣出沒於峇里島。

9. 摩伽羅：這種海怪常出現在印尼、泰國和印度的傳說中。摩伽羅現身時有多種樣子，而且至少由兩種生物組成，一種來自陸地，一種來自海洋，例如大象和螃蟹。

10. 提帕卡：魔法飛馬，能夠飛越天空。牠的速度飛快，可以在瞬間抵達目的地。提帕卡是泰國偉大的西松王的馬。西松王有把可以毀滅敵人的神劍，但如果他忘記向正確的神祈禱，神劍就會殺死西松王的手下。

11. 欽特：來自緬甸的獅犬。通常有翅膀，幾乎總是成對出現。這種生物凶猛、勇敢又忠誠，負責守護寺廟與神殿。

12. 印度納迦：印度納迦與印尼和泰國的納迦不一樣。印度納迦腰部以上像人，腰部以下則像蛇。牠們通常色彩繽紛，住在水中或地底的華麗宮殿。這種生物可能仁慈親切，也可能非常邪惡。

13. 羅剎：印度教神話中的惡魔。羅剎可以變化成各種樣貌，像是美女和醜惡的巨人。這種惡魔在夜晚特別危險，尤其在黑暗之中，牠們的力量會增強。最厲害的羅剎是羅剎王，也就是長了十顆頭的羅波那，羅波那曾經綁架公主悉多。

7.

3.

16.

1.

2.

8.

5.

6.

巴龍與讓特的大戰很有名，今天仍在峇里島的舞者之間流傳。傳說巴龍施法保護人類勇士對抗邪惡的黑魔法。

——露絲

印度教神話中有許多奇特的野獸。這些野獸也出現在故事中，譬如偉大的史詩《羅摩衍那》。羅摩王子靠著神猴哈奴曼和猴子軍團的幫助，打敗羅剎王羅波那。

——露絲

14. 毘陀羅：這種惡魔在印度戰場尋找宿主。牠會寄宿在受害者身體中，若身體被破壞，就移到其他屍體上繼續生存。

15. 畢舍遮：畢舍遮也是印度教神話中的生物。人們認為畢舍遮是傳播疾病的魔鬼，會破壞基地尋找屍體，也會攻擊病人，從體內把人吃掉。

16. 阿波邏羅：這種可怕的水怪來自巴基斯坦的斯瓦特河。過去曾有一位叫做殑祇的法師，他用特殊的符咒困住惡龍，但是當地人對他不敬，於是法師決定變成最邪惡的毒龍——阿波邏羅。這種怪物會帶來風暴與洪水，摧毀農作物。最後，佛陀馴服了這條惡龍，每十二年才會淹一次水，讓龍可以填飽肚子。

17. 女人花：斯里蘭卡的藤蔓，古怪又神祕，會開奇妙的花。這朵花有如美女，就算是虔誠念經的僧侶也會被花吸引。每二十年才開一次花。

我們在南亞和東南亞研究奇特生物的這十二個月彷彿只是幾個小時。到了最後，我們感受到某種威脅，就跟我們去過的其他地區一樣。看著巴龍古怪、好笑的舞蹈動作，我的目光被牠的腳步吸引。塵土中的螺旋形成了奇妙的圖案：

當我要抄下這些圖案時，突如其來的風吹倒我的提燈，打碎了玻璃，還燒到我珍貴的地圖。我為了滅火還弄壞我第二好的披風。

愈研究這些奇怪的符號，我愈開始發覺一些規則，但我還不敢說那是什麼。

——露絲

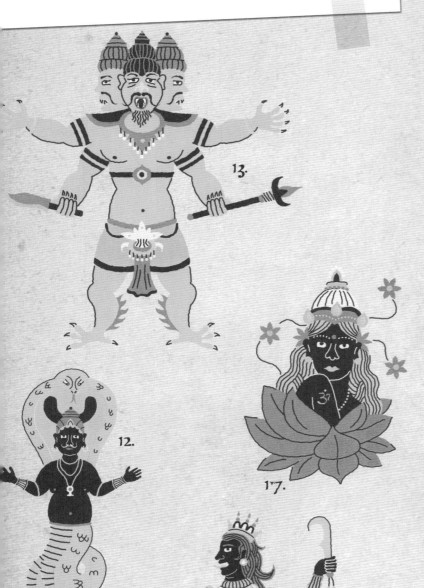

15. 夜謎妖

亞美尼亞

土耳其

敘利亞

13. 食屍鬼

地中海

賽普勒斯

16. 利維坦

14. 翅人魚

黎巴嫩

伊拉克

12. 半蠍人

約旦河西岸

加薩

以色列

約旦

埃及

看見這隻鳥讓我們
滿心喜悅!

11. 不死鳥

沙烏地阿拉伯

沙漠裡可以看見
這尊宏偉的斯芬
克斯石像。

17. 斯芬克斯

紅海

10. 獨角獸

蘇丹

中東

厄利垂亞

衣索比亞

亞塞拜然

烏茲別克

裏海

土庫曼

8. 阿司敵夫

5. 禾瑪鳥

阿富汗

4. 刺尾獅

伊朗

我們在夜裡聽見刺尾獅恐怖的嚎叫。

7. 拉瑪蘇

6. 靈言鳥

1. 魔靈

我們找到的拉瑪蘇已經變成了石頭。

我們的油燈住了受詛咒的精靈。

巴基斯坦

波斯灣

巴林

卡達

阿拉伯聯合大公國

哈爾從樹林間看見嶼龜的眼睛，發現登陸「小島」的真相，我們才逃過一劫。

9. 大鵬

2. 嶼龜

阿曼

葉門

3. 丹丹巨魚

阿拉伯海

7.

中東

我們開始深入東方的山脈和沙漠。這地區的怪獸可能出現在沙塵暴中心、浪花的泡沫或魔法油燈中。沙漠旅行者通常在相對安全的商隊營地過夜。

尼尼微是古代美索不達米亞文明亞述帝國的一部分，而尼尼微宮殿由拉瑪蘇的雕像看守。西元前3000年到西元前500年之間，位在底格里斯河和幼發拉底河流域的美索不達米亞文明非常繁榮，橫跨今日的敘利亞、伊朗、伊拉克和土耳其。或許這些看守宮殿的雕像就是「變成石頭」的拉瑪蘇，也就是華特斯在地圖上提到的那些。半蠍人和翅人魚也都是古代美索不達米亞傳說中的生物。

——露絲

1. 魔靈：火焰與大氣的魔法精靈。傳說魔靈來自無煙的黑色火焰，出現的時間比人類早好幾千年。魔靈可以變成人類、動物，甚至是螺旋狀的煙霧。魔靈有善有惡，但不容許人類冒犯。中東各地都有關於魔靈的傳說。

2. 嶼龜：這種海龜非常巨大，背上甚至有山丘、河谷與樹林。經常有水手登上嶼龜的背，誤以為那是小島，結果在嶼龜潛入海底時溺水。

3. 丹丹巨魚：阿拉伯水手口中的可怕海怪。丹丹可以一口吞下整艘船和船上的水手，但如果吃到人肉就會死去。丹丹巨魚的肝臟可以做成藥膏，讓人能在水中呼吸。

4. 刺尾獅：這種可怕的吃人怪物有獅子的身體和人類的頭，尾巴還有毒刺，用來射擊獵物。刺尾獅的叫聲像長笛和小號一同演奏。牠們出沒在許多地區，但最早出現在伊朗。刺尾獅的名字「曼提克」來自波斯語，意思是「吃人者」。

5. 禾瑪鳥：伊朗的禾瑪鳥（波斯語，意思是「傳奇鳥」）一生都活在空中。沒有人能抓到這種鳥，但光是看見就能帶來好運與幸福，就算是瞥見影子也一樣。若有人殺死禾瑪鳥，就會在四十天內死去。

6. 靈言鳥：最古老、最聰明的鳥類，住在伊朗的厄爾布爾士山脈。靈言鳥色彩繽紛，神奇的羽毛可以治療病痛。不過這種鳥只為了伴侶歌唱，只要被抓住，就會死去。

7. 拉瑪蘇：來自亞述（古美索不達米亞的王國），是非常有智慧的守護精靈。拉瑪蘇有獅子的身體、老鷹的翅膀和鬍鬚智者的頭。常出現在偉大城市或宮殿的大門，準備對抗混亂與邪惡。

8. 阿司敵夫：會噴火的白龍，出現在伊朗。傳說阿司敵夫是邪惡巨人，被魔法變成巨龍，最後被波斯英雄魯斯坦殺死。

9. 大鵬：最強大的鳥類。非常巨大，大到可以用爪子抓住大象，甩到石頭上，然後帶著屍體回巢，餵食幼鳥。牠常在阿拉伯半島的天空盤旋。

11.

12.

17.

4

9.

6.

打倒夜謎妖指南

如果夜謎妖用詭計混進屋子，你可以燃燒絲綢趕跑牠。這種妖怪會點燃自己的毛皮，然後害怕地跑到街上。

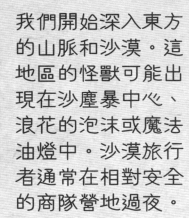

15.

10. 獨角獸：獨角獸出現在許多國家，有各種不同的樣子。最明顯的特徵是優雅、聰明與頭上的獨角。我曾在阿拉伯沙漠見過這種生物。

11. 不死鳥：這種火鳥美麗又高雅，有像彩虹一樣燦爛的羽毛。不死鳥五百歲時，會被火焰吞噬，然後從灰燼中重生。不死鳥的傳說遍布中東、亞洲與歐洲。

12. 半蠍人：半人半蠍的可怕生物。半蠍人非常高大，像天一樣高。牠是提亞瑪特女神的護衛。只要被半蠍人看一眼就會死亡。

13. 食屍鬼：這種惡魔般的魔靈會在沙漠、森林和荒野攻擊旅行者。食屍鬼也會在戰場和墓地遊蕩，從墳墓挖屍體來吃。中東地區的人十分害怕這種怪獸。

14. 翅人魚：半人半魚的水精靈，會保護家庭。遠古美索不達米亞的亞述文明中，人們把翅人魚的畫像藏在家中。

15. 夜謎妖：這種醜陋的鬼怪會躲在街角，出謎題給路人，如果路人答錯就必須付出生命。夜謎妖主要出現在土耳其、保加利亞、塞爾維亞和希臘。

16. 利維坦：扭曲盤繞的巨大海蛇，長度將近一千五百公里，可以吞下一頭龍。

17. 斯芬克斯：斯芬克斯會以許多不同的樣子出現，大部分有獅子的身體，但根據生活地區不同，斯芬克斯也可能有人頭、公牛、獵鷹，甚至是法老的頭，有些還有翅膀。古埃及人建造了許多斯芬克斯的雕像。

橫越荒涼的沙漠時，
遠方野獸的嚎叫讓大家非常害怕。
回過頭看這片土地最後一眼，
眼前的景象讓所有人毛骨悚然，
沙丘上刻了古怪又令人不安的圖案：

⊕⊙ ⵖ⚥⊙
⊕ⵖⵖ⵿ⵣ⚥⚰⋇
ⵟⵣ⇶

我竟然開始思考華特斯的狂言到底是不是真的。我實在應該少熬夜！
——露絲

華特斯在這裡提到的「漁夫與魔靈」也出現在《一千零一夜》的故事中。這本有名的故事集在9世紀到13世紀之間用阿拉伯文寫成，其中的故事來自許多中東與亞洲的文明。
——露絲

從華特斯的插畫來看，他可能看見了阿拉伯劍羚（一種羚羊），並且把牠誤認爲神祕的獨角獸。這一點也不稀奇！
——露絲

漁夫與魔靈的傳說

逛市集的人説了一個瓶中魔靈的故事。有位窮困的漁夫在網子中撈到一個瓶子，他不小心放出了裡頭的魔靈，而魔靈想要殺死他。漁夫把魔靈騙回瓶子，被困住的精靈向漁夫承諾，要是漁夫放牠自由，牠就讓漁夫發財。

魔靈帶漁夫前往魔法水池，漁夫在那裡捕到四條非常美麗的魚。他把這些魚獻給蘇丹，蘇丹下令把魚煮來吃。魚一下鍋，卻發生奇怪的事：有個人穿牆出現，跟魚講話，接著魚就燒成了灰。困惑的蘇丹來到水池邊，發現一位王子，王子的半身被邪惡巫師變成石頭。蘇丹救了王子並幫他復仇，兩人後來變成朋友。

漁夫則因為蘇丹的賞賜而成為富翁。

1.

2.

3.

5.

8.

10.

14.

16.

非洲

第二幕

在華特斯的時代，歐洲人對非洲幾乎一無所知。歐洲人來非洲主要是為了搶劫、買生意或者拐騙、買賣人口，真是太丟臉了。迦太基與埃及古文明雖然已經消逝，但其他帝國，譬如馬利、貝南或桑海卻依舊強大。
——露絲

1. 阿米特
不管我們走到哪裡，都可看見這種怪物的圖像。警告人們，要是做壞事，就會被們「吞噬者」阿米特吃掉。

2. 阿巴達

3. 雙頭蛇

4. 無頭人

5. 控彌亞

6. 羊腳女魔愛莎

7. 雲番
要是主辦人的爺爺去世那晚，我們整晚都會聽見雲番的哭聲。

8. 阿南西

12. 鬣狗亞

地中海

紅海

沙烏地阿拉伯

葉門

埃及

蘇丹

土耳其

保加利亞

希臘

羅馬

阿爾巴尼亞

馬其頓

義大利

法國

西班牙

突尼西亞

利比亞

尼日

奈及利亞

阿爾及利亞

馬利

貝南

布吉納法索

茅利塔尼亞

幾內亞

甘比亞

獅子山

塞內加爾

查德

印度洋

大西洋

15. 食人藨樹
這種惡魔般的植物害我們損失了羅伯杰斯，也是好人，也是優秀的船木工。

16. 象頭蛇怪

19. 南非水蛇

14. 祖魯矮人殭屍

17. 雷鳥
這地區有可怕的風暴，我們知道雷鳥就在附近。

18. 蟻人

11. 鐘樓怪

13. 奈米奈米
雖然奈米奈米通常會保護人類，但也會引發地震。

9. 珍古水靈
我們渴望遇見珍古水靈，因為水靈能帶來好運、治療疾病，讓天氣好轉。就像哈利說的，全是我們需要的！

肯亞
烏干達
坦尚尼亞
剛果民主共和國
剛果共和國
加彭
尚比亞
安哥拉
納米比亞
波札那
南非
莫三比克
葛摩
史瓦濟蘭
賴索托
聖多美普林西比

非洲

我們加入駱駝商隊繼續旅行，橫越撒哈拉沙漠。我們在這片土地發現的怪獸非常奇特，而且令人著迷。有些非常危險，有些則十分親切。

1. 阿米特： 部分是獅子，部分是河馬，部分是鱷魚。阿米特是古埃及人十分畏懼的女惡魔，古埃及人稱牠為「食魂者」或「吞噬者」。若死者的心臟比羽毛重，阿米特就會吃掉屍體，讓死者的靈魂永遠無法安息。

2. 阿巴達： 這種生物跟獨角獸很像，但有兩根彎曲的角。通常出現在非洲東北部。

3. 雙頭蛇： 這種來自沙漠的蛇怪有老鷹的爪子，還有毒牙。牠會在沙丘孵蛋，就算被砍成兩半，還是會重新接在一起。據說雙頭蛇住在利比亞。我曾經在書上看過，這種蛇的皮曬乾之後可以治療感冒。

4. 無頭人： 無頭人類的一支，臉長在胸口。利比亞地區的地圖上有很多無頭人畫像，但我們沒有親眼看見這種生物。

5. 拉彌亞： 拉彌亞曾是利比亞王后，但被嫉妒的女神變成專吃小孩的恐怖怪物。拉彌亞有女性的頭和身體，還有蛇的尾巴。牠會在晚上取出眼睛，好在睡覺時依舊保持警覺。

6. 羊腳女魔愛莎： 這種河中女惡魔的外表是美麗的女子，被牠誘惑的男性往往沒有注意到牠那雙有如駱駝或山羊的腳。羊腳女魔愛莎出現在摩洛哥的民間故事。

7. 雲番： 喜歡惡作劇但沒有惡意，這些小妖精會偷走村裡的食物和飲料。雲番有時會十分依戀某些家庭，如果家族成員去世，牠就會悲傷地哭泣。雲番出現在塞內加爾的戈雷島。

8. 阿南西： 聰明又詭計多端的蜘蛛。阿南西是故事的守護者，牠像編織蜘蛛網般編織故事，好讓所有人都能喜歡這些故事。阿南西的傳說最早出現在迦納，牠的名聲在西非廣為流傳。

9. 珍古水靈： 喀麥隆的美麗水精靈，有狂野的秀髮和魚尾。牠們能替參拜者帶來好運、好天氣並保護人們不會生病。珍古水靈也會擔任使者，替人們與眾神傳遞訊息。

10. 大象殺手： 凶猛的沼澤怪物。在剛果的林格拉語中，這種怪物叫做「埃梅拉－恩圖卡」，意思就是「大象殺手」。牠有鱷魚般的尾巴和致命的尖角。

11. 鐘矮怪： 這種矮人生物有尖銳的爪子與牙齒，穿著樹葉做成的衣服，全身散發腐爛蔬菜的臭味。鐘矮怪帶著大鐘在雨林穿梭，哄騙人們入睡。到了白天，睡著的受害者只剩一地白骨。

12. 鬣狗巫： 邪惡的巫師會在晚上用魔杖摩擦自己的身體，變成鬣狗。天亮後再用同樣的方法變回人形。鬣狗巫出沒在索馬利亞。

13. 奈米奈米： 辛巴威尚比西河的精靈。奈米奈米以蛇的模樣出現，但頭部則像是魚。奈米奈米和妻子被水壩分隔兩地，因此時常發怒。

14. 祖魯矮人殭屍： 非洲南部的矮人殭屍，有許多不同的樣貌，通常全身長毛，散發臭味，還有發亮的眼睛。祖魯矮人殭屍會在人們睡著時咬掉人的腳趾，而且有一種魔法鵝卵石可以讓自己隱形，只有小孩可以清楚看見這種怪物。

15. 食人鬚樹： 馬達加斯加恐怖的食人樹。人們可以從厚實的肉質葉片與下垂的長樹鬚來辨認這種樹。食人鬚樹會纏住受害者，吸他們的血。

16. 象頭蛇怪： 這種巨大的怪獸住在南非東北部山區的無底洞穴。外型像是長了蛇尾巴的大象。象頭蛇怪看守無價的鑽石財寶，會吞掉所有前來尋寶的人。

17. 雷梟： 令人害怕的雷梟又叫閃電鳥，光是拍打翅膀就能產生風暴。雷梟喝鮮血維生，喜歡製造痛苦。傳說雷梟能在一個晚上殺死整群牛。牠會散播疾病，並殺害人類。這種鳥出現在南非祖魯人與科薩人的傳說中。

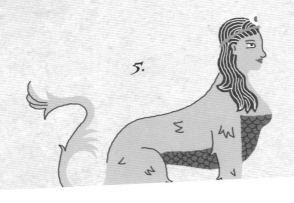

華特斯可能在羅馬作家老普林尼的《博物志》中讀過拉彌亞、無頭人和雙頭蛇的故事。普林尼去過的地方有限，大多靠其他人描述那些遙遠地方的生物。有些顯然只是誇大其詞。

——露絲

18. 蟻人：這些微小的生物出現在南非祖魯人的神話中。蟻人就像是人類的縮小版，會飼養螞蟻並把螞蟻當成馬來騎。蟻人愛好和平，但如果不小心被人踩到，就會拿尖銳的鉤予刺那些討厭的腳。

19. 南非水蛇：這種南非的巨大蛇形水怪會製造漩渦與龍捲風。牠們的體型龐大，在水底巢穴鑽進鑽出時，會引發可怕的水龍捲。

在食人鬍樹下失去木工羅杰斯依舊令我們悲傷不已，但我們也很高興終於能夠離開這片大陸。不過面前廣大的海洋也讓人畏懼，當地漁夫警告我們，叫我們回頭，但我的船員意志堅定。啟航時，巨大魚群游了過來，排成古怪的圖案：

ᚾᚾ ᛭ᚾᚷᛘ
ᛏᚷᚾᛂᛂᛘ ᛘᚷᛁ
ᚾᛏᛁᚷᛘ

阿南西與蜘蛛腳的傳說

阿南西非常貪吃，卻又很懶惰。有一天，兔子一邊準備食物，一邊邀請朋友共進晚餐。阿南西不想幫忙，所以吐出一些蜘蛛絲，纏在自己腳上，告訴兔子晚飯好了再拉蜘蛛絲通知牠。在那之後，阿南西又拜訪了其他動物，牠們全都邀請阿南西一起吃飯。貪吃的阿南西在八隻腳上全纏了蜘蛛絲。

食物準備好時，所有動物同時拉了蜘蛛絲！可憐的阿南西被拉向四面八方，牠趕緊跳進河裡，融化蜘蛛絲，但牠的腳已經全被拉長了。這就是為什麼蜘蛛的腳總是又瘦又長。

魚在魚群中悠游再正常不過，但為什麼我開始相信華特斯的紀錄是真的？或許這跟我昨天弄掉鉛筆盒時，筆落下所形成的奇怪圖案有關。那圖案看起來就像是華特斯收到的訊息……我幾乎不敢相信自己把這些寫了下來！

——露絲

45

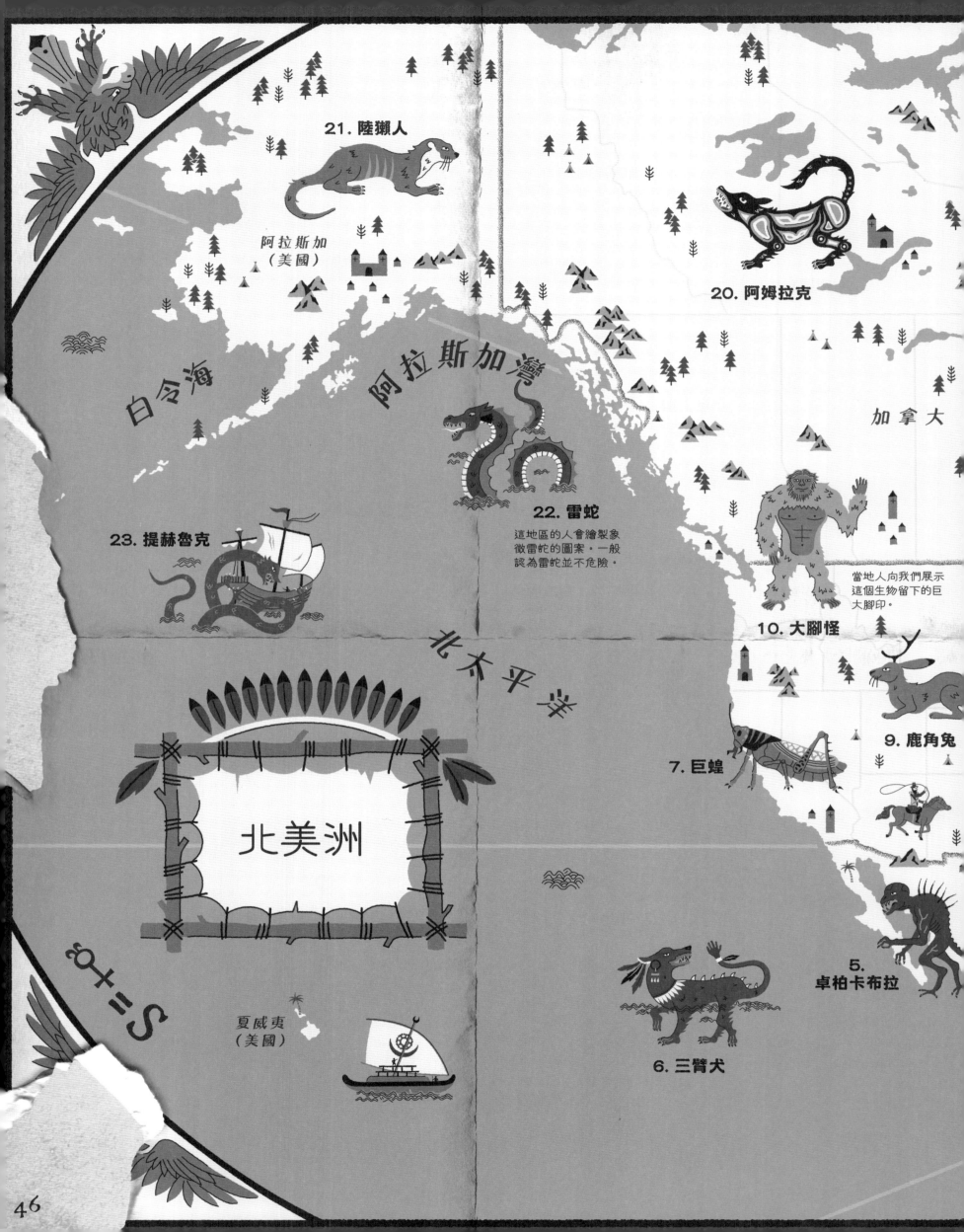

21. 陸獺人

阿拉斯加
（美國）

20. 阿姆拉克

白令海

阿拉斯加灣

加拿大

22. 雷蛇

這地區的人會繪製象徵雷蛇的圖案。一般認為雷蛇並不危險。

當地人向我們展示這個生物留下的巨大腳印。

10. 大腳怪

23. 提赫魯克

北太平洋

9. 鹿角兔

7. 巨蝗

北美洲

5.
卓柏卡布拉

夏威夷
（美國）

6. 三臂犬

19. 食人巨嬰

至今依舊可以看見曾是食人巨嬰的巨石。

哈德孫灣

18. 毛水怪

載維斯海峽

格陵蘭（丹麥）

17. 犬足人

拉布拉多海

15. 石巨人

向水蛇豹奉上供品能讓旅行者平安渡過水面。

14. 水蛇豹

13. 濕眼客

哈爾建議我們爬樹躲避巨人，因為牠們沒辦法抬頭往上看。

16. 毛人魚

我的一名手下愛上了女毛人魚。

美利堅合眾國

12. 澤西惡魔

11. 皮薩鳥妖

大西洋

8. 碩眼鬼

2. 西方殭屍

我們在旅程中隨時保持警戒，因為這片土地上任何人都可能是殭屍假扮的。

墨西哥灣

巴哈馬

1. 雷嘉羅

古巴

波多黎各（美國）

安地卡及巴布達

法屬瓜地羅普

多米尼克

聖克里斯多福及尼維斯

法屬馬提尼克

聖露西亞

巴貝多

聖文森及格瑞那丁

格瑞那達

千里達及托巴哥

馬雅太初鱷

貝里斯

瓜地馬拉

洪都拉斯

薩爾瓦多

尼加拉瓜

牙買加

海地

多明尼加共和國

3. 馬骸女

加勒比海

哥斯大黎加

巴拿馬

哥倫比亞

委內瑞拉

47

北美洲

我們航行了好幾個禮拜才來到此地。羅杰斯失蹤之後，船員非常不安。北美洲有各式各樣的風景：廣大的雪地、長滿青草的平原、高聳的山脈、幽暗的森林、深不見底的湖泊，還有沙漠。每個地方都是奇妙生物的家園。

1. 雷嘉羅： 這些邪惡的加勒比巫師會變成動物、樹木和各種物品。你很難辨認出雷嘉羅，因為牠們變化多端。有些會趁人睡著時，從腳趾間吸血。

2. 西方殭屍： 海地經常出現殭屍的故事。殭屍是復活的屍體。傳說北美有許多人在死後被巫師復活、操控，成為巫師的奴僕。

3. 馬骸女： 尼加拉瓜森林的可怕女巫。馬骸女外型像美女，脫下外皮後，就會露出馬的模樣。光是牠的低語就能讓人發狂。

4. 馬雅太初鱷： 這隻「星光鹿鱷」支撐著天空，是中美洲（從墨西哥南部到薩爾瓦多）馬雅國王的權力象徵。馬雅太初鱷有兩顆頭，一顆是長了鹿耳朵的鱷魚，另一顆則倒掛在身後。

5. 卓柏卡布拉： 出沒在墨西哥附近。這種爬蟲類生物跟熊差不多大，背上長著一排尖刺。有人說牠是「吸山羊血的怪物」，會像吸血鬼那樣吸食山羊血。

6. 三臂犬： 阿茲提克傳說中的墨西哥水怪。三臂犬的尾巴末端長了人手，牠會用這隻手把受害者拉入水中，然後吃掉人的眼球、牙齒和指甲。

7. 巨蝗： 這種巨大的蚱蜢有帶刺的腳，背上揹著籃子，裝抓來當成食物的小孩。巨蝗來自美國加州。

8. 碩眼鬼： 沒有被好好安葬的鬼魂就會變成碩眼鬼。這種幽靈的傳說在美國喬治亞州和南卡羅來納州十分常見。

9. 鹿角兔： 長著鹿角的野兔，也有人叫牠們「戰士兔」。鹿角兔會用鹿角打鬥，動作快如閃電。主要出現在美國西部。

10. 大腳怪： 全身毛茸茸的巨大野人，直立行走，會留下超大的腳印。大腳怪有時長得比兩個成年人還高，主要出現在太平洋西北部和阿拉斯加。

11. 皮薩鳥妖： 這種可怕的鳥妖有男性的頭和鬍鬚、鹿的角、老鷹的翅膀，還有魚鱗與魚尾巴。

12. 澤西惡魔： 來自美國紐澤西州的怪物。澤西惡魔有蝙蝠翅膀、蛇尾巴、毛茸茸的山羊腳，還有馬頭、人身，以及尖銳的爪子。

13. 濕眶客： 世界上最醜陋、最悲傷的生物。鱗片外皮長滿疣，因為外表醜陋，獨自藏在森林中。尋找濕眶客十分容易，只要跟著牠的啜泣聲就行了。濕眶客若被抓到，就會溶解成淚水。通常出沒在美國賓州。

14. 水蛇豹： 這種水怪的名字「密設比修」的意思是「大山貓」。牠有鱗片和貓科動物的面孔。水蛇豹的角含有銅礦，但你必須得到牠的同意才能開採。水蛇豹主要出沒在北美洲的大湖區。

15. 石巨人： 這種古老巨人族的故事來自美國伊羅奎人的傳說。石巨人穿著石頭做的衣服，因此又稱為「石衣族」。這些巨人對人類來說相當危險，但牠們的盔甲讓牠們無法奔跑或抬頭。

16. 毛人魚： 格陵蘭的人魚。毛人魚為了防寒，尾巴長滿毛而不是鱗片。

巨蝗出現在美國加州的印地安傳說中。卡懷蘇族叫牠「巨蝗」；切梅惠維族稱牠為「阿塔卡皮西」。

——露絲

在密西西比河靠近伊利諾州奧爾頓的地方，有一塊岩石，上頭有皮薩鳥妖的畫像。在伊利諾印地安人的語言中，「皮薩」的意思是「人類吞噬者」。

——露絲

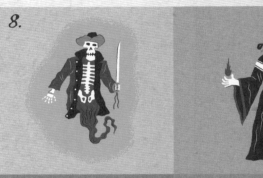

17. 犬足人：這種吸血怪物上半身是人，下半身是狗。來自加拿大和格陵蘭的因紐特傳說（在那裡犬足人被稱為「犬人」）。

18. 毛水怪：這種全身長滿絨毛的怪物來自加拿大哈德孫灣的因紐特傳說。毛水怪會躲在冰層下等待，只要人們把桶子放入水中，就會纏住繩子，讓人無法取水。

19. 食人巨嬰：出生在大饑荒期間的女嬰。當鄰近村莊的村民帶食物來救人時，人們發現嬰兒長得像巨人一樣高大，把全村的人都吃掉了。女嬰也沒放過來救援的人，但追逐中巨嬰累了，於是停下休息並變成了石頭。食人巨嬰的故事同樣來自加拿大的哈德孫灣。

20. 阿姆拉克：這頭巨狼會咬掉受害者的腦袋。阿姆拉克的故事出自阿拉斯加與加拿大的因紐特傳説。

21. 陸獺人：會變形的水獺人。陸獺人會偷走受害者的靈魂，把人變成牠們的同類。陸獺人出現在阿拉斯加與加拿大地區特領吉特人與欽西安人的傳説中。

22. 雷蛇：有長長的鱷魚身體和馬頭。漁夫如果有幸帶著這種生物的皮膚上船，就可能捕到鯨魚。雷蛇出自努特卡印地安人的傳説。

23. 提赫魯克：同樣來自因紐特人的傳說。提赫魯克是蛇形海怪，有魚尾和可怕的利爪，用來抓捕漁民。

華特斯在此描述的一些怪物令我困惑。這些怪獸「初次目擊」的紀錄比華特斯的時代晚得多，譬如濕眶生物的報告，一直到19世紀末才有關於這種目擊紀錄不過是1939年的事。這份文件若不是騙局，那華特斯就是第一位見證這些奇異生物的人。我再也無法相信這地圖集是假的，這讓我得到令人震驚的結論：難道華特斯說的都是真的？

——露絲

我們在格陵蘭失去了賈伯·馬利韋琴，船員再次減少。他留下來與毛人魚結婚。互相告別時，賈伯的新婚妻子給我一個護身符。我在此抄下上頭的奇妙刻紋：

護身符沒有留下來，但上面的文字跟那些訊息屬於同一種語言。我聯絡了住在格陵蘭的教授，請他翻譯，但他從來沒見過這種文字。這到底是什麼？

——露絲

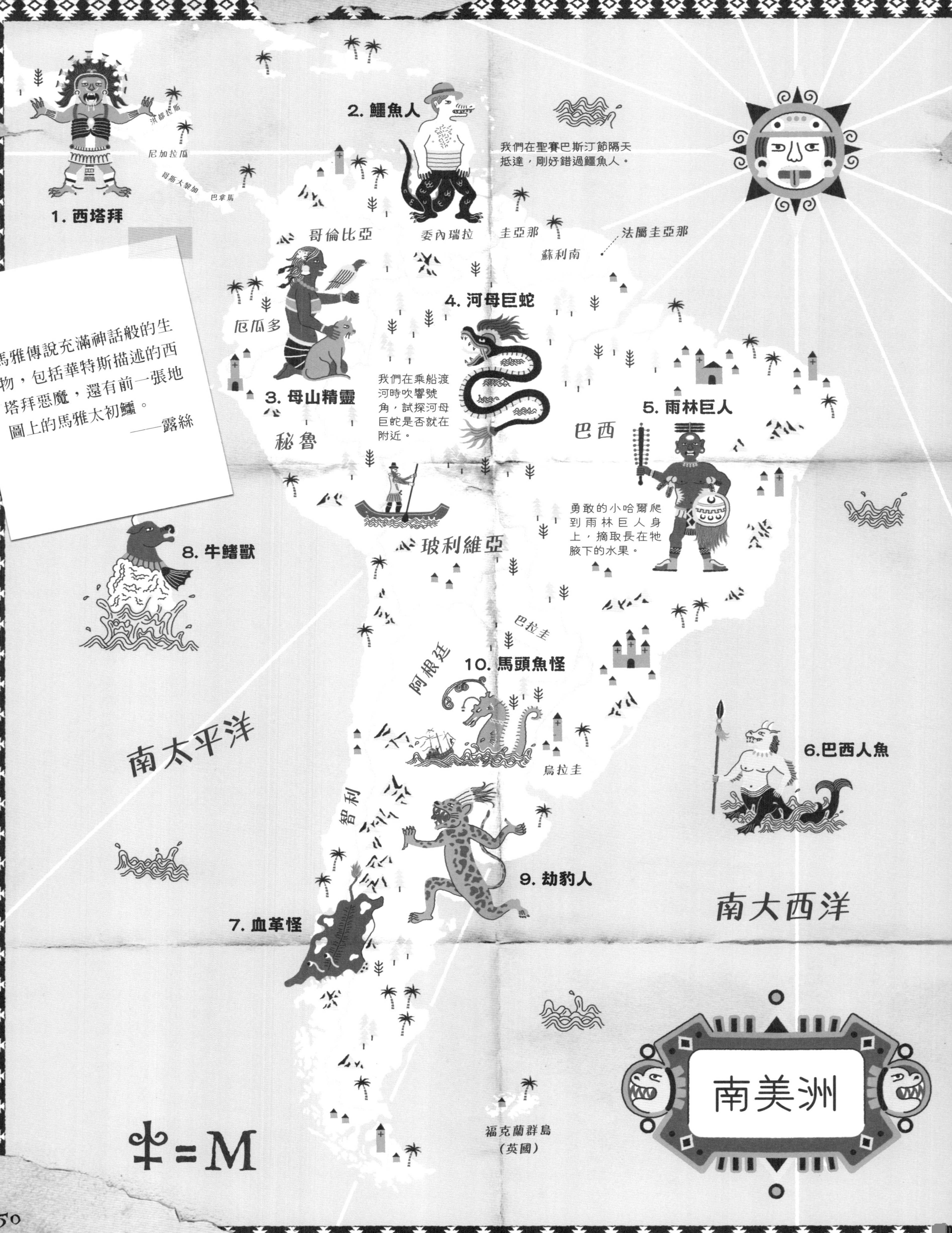
1. 西塔拜
洪都拉斯
尼加拉瓜
哥斯大黎加
巴拿馬
2. 鱷魚人
我們在聖賽巴斯汀節隔天抵達，剛好錯過鱷魚人。
哥倫比亞
委內瑞拉
圭亞那
法屬圭亞那
蘇利南
厄瓜多
3. 母山精靈
4. 河母巨蛇
我們在乘船渡河時吹響號角，試探河母巨蛇是否就在附近。
秘魯
巴西
5. 雨林巨人
勇敢的小哈爾爬到雨林巨人身上，摘取長在牠腋下的水果。
玻利維亞
8. 牛鰭獸
巴拉圭
10. 馬頭魚怪
阿根廷
南太平洋
6.巴西人魚
烏拉圭
智利
9. 劫豹人
7. 血革怪
南大西洋
福克蘭群島
(英國)
南美洲
= M

馬雅傳說充滿神話般的生物，包括華特斯描述的西塔拜惡魔，還有前一張地圖上的馬雅太初鱷。
——露絲

南美洲

奮勇前進來到南美洲茂密雨林的這一路上，我們遇見了許多生物，從嬌小的毒蛙，到恐怖的野獸，我全部都記錄下來了。我們繼續往南，穿過大片山脈。這片土地住著某些怪異至極的野獸，我以前從沒見過。

1. 西塔拜： 這種惡魔在中美洲馬雅人的神話中十分常見。西塔拜住在洞穴，會變形成人類的模樣。

2. 鱷魚人： 半人半鱷魚，曾是哥倫比亞的漁夫，因為受騙而失去人類的外貌。每年聖賽巴斯汀節，鱷魚人就會出現獵食活人。

3. 母山精靈： 凶猛的母山精靈會奮力保護牠的土地與上頭的生物。牠以苔蘚和樹葉為衣，眼神銳利如火，牙齒非常尖銳。任何膽敢破壞大自然的人，都要面對牠足以吞人的怒火。母山精靈出現在哥倫比亞。

4. 河母巨蛇： 這條巨大水蛇是亞馬遜河的守護者，有發光、嚇人的眼睛和多彩炫麗的外皮。河母巨蛇有時會偽裝成魂靈船「蘇佩蘭恰」，把人跟船一起吞進大嘴。

5. 雨林巨人： 醜陋的巨人族，跟樹冠層一樣高，出沒在巴西雨林。雄性巨人的頭頂有奇怪的孔洞，移動時會發出哨音。雨林巨人的腋下會長出類似椰子的水果，特別美味。牠們會摘下水果，用額頭敲開來吃。

6. 巴西人魚： 巴西人魚的身體像人，但長著海豹頭與魚尾。牠們在巴西附近的水域活動，會引誘人類進入巢穴。

7. 血革怪： 這種巨大的吸血牛皮在智利各地的河川漂浮。血革怪發動攻擊前，受害者可能會覺得有眼睛在盯著他們。這種怪物的攻擊速度快如閃電，牠們會迅速裹住路人，然後把人吸到連骨髓都不剩。血革怪在河岸曬太陽時，像是被人放在地上曬乾的普通動物皮，完全無害。

8. 牛鰭獸： 長了小牛頭、綿羊身體和魚鰭的可怕生物，主要住在智利的偏僻池塘與河川。

9. 劫豹人： 這種怪物有點類似歐洲狼人，只不過劫豹人會變成美洲豹。巫師會披上豹皮吟唱咒語讓自己變成豹人，主要出沒在阿根廷中部。

10. 馬頭魚怪： 雙眼突出的恐怖馬頭魚，躲在阿根廷中部河流。馬頭魚怪會撞翻船隻，淹死船上的水手。

我們用刀劍與鐮刀在叢林砍出一條生路，躲避凶惡的劫豹人。好不容易擺脫牠，卻被雨林包圍。藤蔓糾結纏繞，形成我最害怕的怪異圖案：

᱐ᚦᚦ𐌗 ᚼᛃ
⊕ᚼ⁂⁂ ᛉ◐ ᛃᚦᚦ
⁂ᛃᚼ◐

我嘗試翻譯這些文字，但至今沒有任何進展。昨天我又收到一則訊息。我在茶杯底部的茶葉殘渣讀到這些文字。我現在知道華特斯說的都是真的。

——露絲

這張地圖上所有的怪獸中，最可怕的是不是母山精靈？

——露絲

⊕=K

阿拉夫拉海

帝汶海

喀本塔利亞灣

13. 噬血骸

10. 巨野犬

14. 吸血紅矮妖

澳大利亞

被環箍蛇追趕時，其他人突
然叫我改變方向。蛇朝我滾
來，我驚險地逃過一劫。

12.
環箍蛇

15. 本耶普

11. 莫嵩克

要是本耶普的幼獸被拐走，母獸
就會製造洪水來解救牠的孩子。

大澳大利亞灣

澳大利亞
與紐西蘭

16. 南極人

有人說南極人根本不存在，因為直到1960年代才有人聲稱在
南冰洋看到這種生物。不過華特斯說，他早在四個世紀之前
就見過南極人了，或許南極人真的存在？

——露絲

9. 幽威野人

我們測量了這種生物的泥腳印，但沒有真的遇上幽威野人。

斐濟

索羅門群島

珊瑚海

萬那杜

新喀里多尼亞（法國）

1. 穆圖章魚怪

8. 三姊妹

2. 毛利鳥妖

我們看見了哈圖帕圖躲避鳥妖的那塊石頭。當地人稱它為「避難石」。

這種怪物很像蘇格蘭的尼斯湖水怪。

和克斯柏立河怪

塔斯曼海

5. 紐西蘭森靈

紐西蘭

3. 刺尾海怪

6. 寇普威

4. 潘納圖里

哈爾在沙灘上點起篝火，避開潘納圖里。

♀ = T

2.

哈圖帕圖的傳說

毛利鳥妖住在紐西蘭北島中部，牠會抓小動物當成寵物。有天，牠綁架了小男孩哈圖帕圖，並把他關了起來。鳥女在外狩獵時，哈圖帕圖逃走了，但毛利鳥妖的寵物小灰鶯：麗羅麗羅（灰鶯的毛利語）飛去警告鳥女。鳥女追著哈圖帕圖穿過瓦卡雷瓦雷瓦蒸汽噴泉，最後掉進滾燙的池子，被活活煮死。

> 毛利鳥妖就像華特斯在紐西蘭提到的所有生物一樣，都來自毛利人的傳統故事。
>
> ——露絲

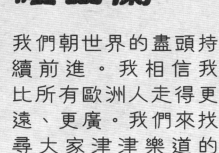

澳大利亞與紐西蘭

我們朝世界的盡頭持續前進。我相信我比所有歐洲人走得更遠、更廣。我們來找尋大家津津樂道的「未知南方大陸」，卻意外發現一片有人居住的土地，而且和我所見過的地方截然不同。這片大陸有巨大的紅色岩石、藍色的山脈與灼熱的沙漠。隔著海洋的那些島嶼則有會噴出滾水的奇妙孔洞、白雪覆蓋的高山以及茂密的森林。

1. 穆圖章魚怪： 穆圖章魚怪和牠的孩子偷了村民釣線上的魚，因此，英雄探險家庫佩便離開哈瓦基（傳說中玻里尼西亞人的家鄉），橫越大洋，追逐這隻巨大的章魚。庫佩追了很長的距離，在途中發現了奧特亞羅瓦（紐西蘭）。

2. 毛利鳥妖： 這種長著翅膀的女巨魔有女人的頭和鳥的爪子。

3. 刺尾海怪： 這種生物常見於紐西蘭毛利人的神話中。牠有蜥蜴的身體和帶刺的尾巴。刺尾海怪會用巨大的尖牙吞食人類，但也有一些會跟人類當朋友。

西方探險家旅行到這個遙遠的地方之前，製圖師只能自己創造地球上未知的部分。人們曾經認為「未知的南方大陸」是南邊一塊巨大的陸地，因為這樣世界才能平衡。華特斯來到這麼遠的地方令人不敢置信，這是非常了不起的航海成就。而我確信他說的是實話。

——露絲

有隻叫做圖赫倫尼的刺尾海怪曾在著名探險家庫佩的旅程中幫他指引方向。另一隻名為納克的海怪則在逃回大海時衝破陸地，讓北島南端出現巨大的港灣（威靈頓灣）。不過跟在納克後頭的兄弟瓦泰泰卻不幸困住，最後變成石頭。

4. 潘納圖里： 這種精靈住在紐西蘭周邊的大海中。牠有紅色的頭髮、尖銳致命的爪子，以及在黑暗中會發光的綠白色皮膚。潘納圖里害怕炎熱的陽光，所以只在夜晚上岸。

3.

10.

11.

4.

6.

5.

7.

1.

5. 紐西蘭森靈：這種住在森林的精靈通常是金髮或紅髮，出沒在紐西蘭各地。日夜交替時要特別小心這些精靈，牠們會引誘並拐走那些冒犯牠們的人，並把這些人關起來。紐西蘭森靈偶爾也會幫助人類，但聰明的旅人會學習咒語來趕走這些生物。

6. 寇普威：可怕的巨人寇普威養了一群雙頭獵犬，還把名叫凱雅審歐的女子抓來當成奴隸。後來，凱雅審歐同村的戰士殺死了寇普威，並將牠變成石頭。那座山（又叫做老人岩）位在紐西蘭南島。

7. 和克斯柏立河怪：這條巨蛇在澳洲新南威爾斯的和克斯柏立河中生活。牠有蛇一般的長脖子，還有尾鰭和長滿鱗片的外皮。

8. 三姊妹：構成澳洲藍山山脈的岩石曾是三名年輕女子。三人為了躲避本耶普的攻擊而被變成石頭。

9. 幽威野人：澳洲的類人猿生物，有人說牠們是野人。這種怪物很少出現在人類面前，但偶爾會留下巨大的腳印。

10. 巨野犬：這種巨大的肉食怪物出現在約克角半島的原住民傳說中。巨野犬身邊有條可怕的蛇，威脅著整個區域。兩名勇敢的鳥人：知更鳥與鶺鴒，放火燒死了這兩頭怪獸。

11 莫崙克：半人半魚的水中生物，躲在大片漂浮的海草中。生活在南澳洲的墨累河。

12. 環箍蛇：這種毒蛇會用嘴叼著自己的尾巴，像輪子般滾動來追逐敵人。這種怪蛇的故事在澳洲、美國和世界其他地方相當常見。

13. 噬血骸：出沒在澳洲北領地的安恆地西部，由腐肉與骸骨組成，靠著血淋淋的肌腱連結。噬血骸白天休息，晚上才出來吸血。

14. 吸血紅矮妖：吸血紅矮妖可以吞下一整個人。這種生物會躲在無花果樹上，然後突然撲向獵物，用手腳上的吸盤吸取受害者的血。吞下獵物後，便去睡覺。醒來之後再反芻，受害者會愈來愈小，最後變成另一隻吸血紅矮妖。

15. 本耶普：這種令人厭惡的吃人怪物藏在沼澤與死水潭中，蹤跡遍布全澳洲。本耶普可能長著羽毛，或是覆有毛皮。身上可能有鰭、馬蹄、鴯鶓的頭，以及如剃刀般鋒利的牙齒。有些本耶普有著像海象般長長的獠牙。這種怪物會用洪水與乾旱威脅人類。在吃掉受害者之前，還會把他們當成奴隸使喚。

16. 南極人：出現在澳洲南部和紐西蘭靠近南極的地方。南極人是體型龐大又臃腫的怪物，搖搖晃晃又蒼白的樣子和人類十分類似。這種怪物的臉上有兩個洞當作眼睛，一條裂縫作為嘴巴，但沒有其他五官。

某種不明的東西在追趕我們。這片廣大的土地令我們恐懼，前方沒有盡頭的海洋也讓人無法放鬆。當我們啟航前往新的地區時，高聳的山脈出現以下符號，它們出現的位置很高，不是人類可以觸及的範圍：

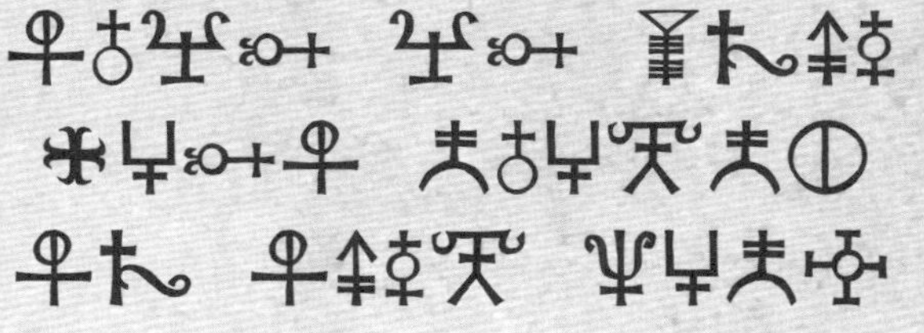

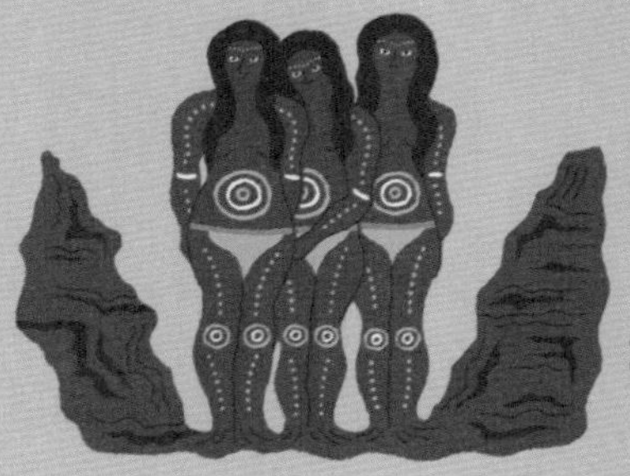

8.

三姊妹的傳說

審妮、玟拉、甘娜度三姊妹被飢餓的本耶普追趕。她們的父親泰亞溫用魔法骨把女孩變成山岩以躲避怪物。於是本耶普轉而追趕泰亞溫，泰亞溫只好把自己變成琴鳥。不過，泰亞溫不小心弄丟了魔法骨，變成鳥的他從此一直在尋找魔法骨，好把他的女兒變回人形。至今依舊可以在澳洲東南部的藍山山脈看見三姊妹變成的岩石。

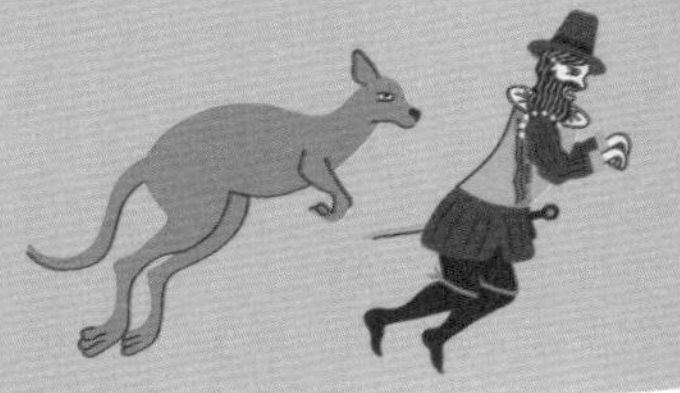

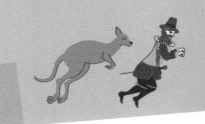

我開始理解了。我快要破解密碼了，但還缺少一點東西。怪獸也對我傳遞訊息。

——露絲

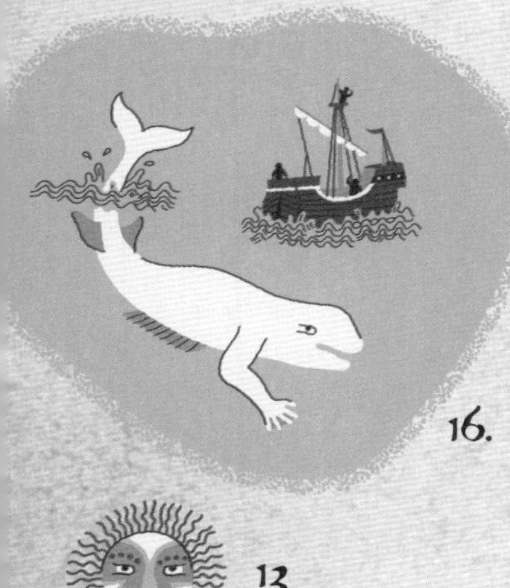

16.

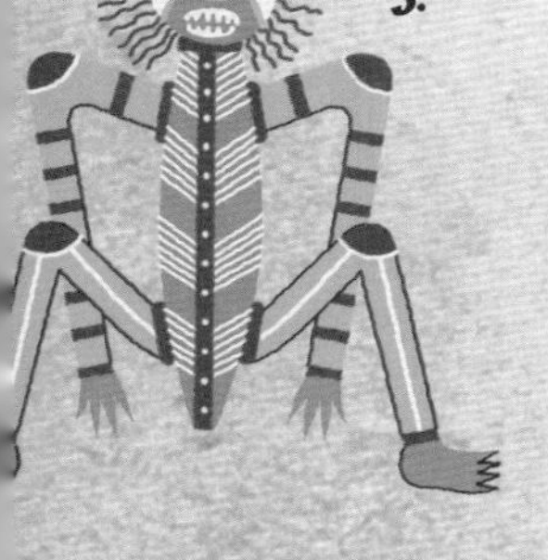

13.

對澳洲原住民而言，世間萬物彼此相連，全都可以追溯到稱爲「夢之時代」的遠古年代。夢世界偉大祖先的故事代代相傳。巨野犬、知更鳥和鶺鴒都是夢之時代的生物。本耶普、吸血紅矮妖、噬血骸還有三姊妹則來自原住民傳統故事。

——露絲

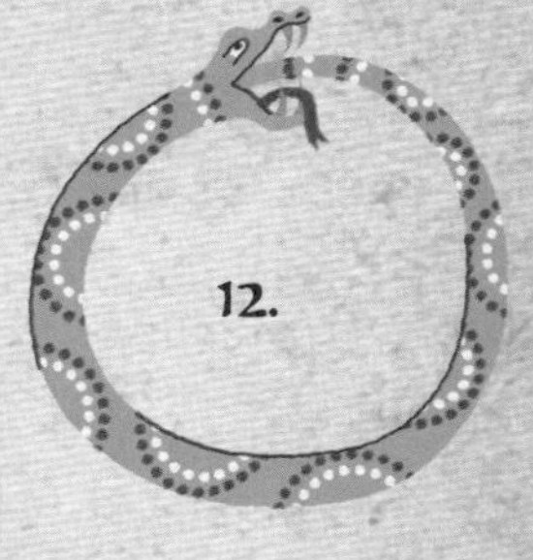

12.

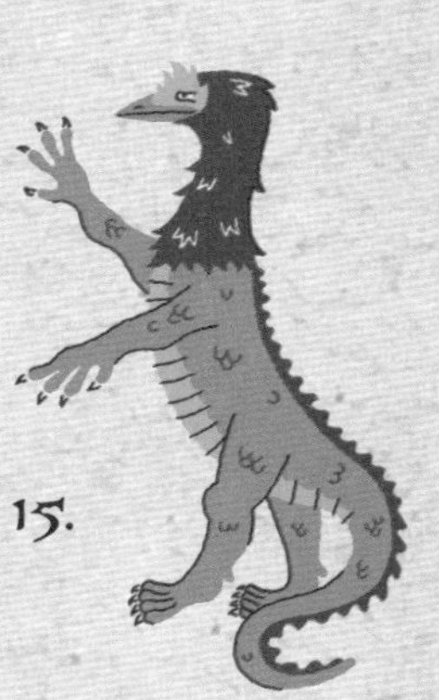

15.

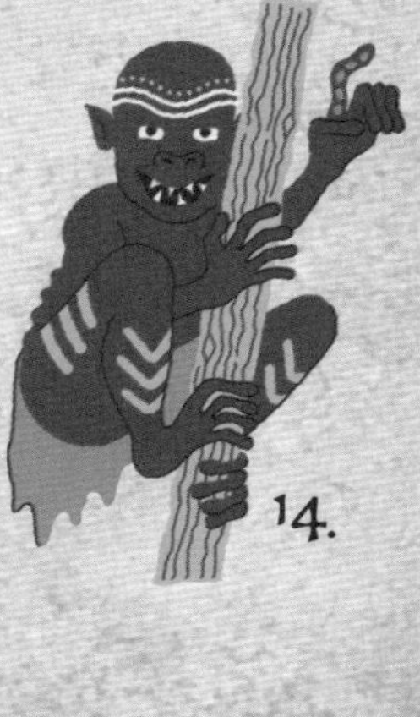

14.

太平洋

這些島嶼晴朗的天氣與金黃的沙灘令人驚嘆不已。我則被內陸高大的山脈與火山吸引。那些生物，就像我們先前遇到的怪物一樣兇猛敵意。我們從來沒有離自己的家鄉這麼遙遠。

我不知道接下來的旅程會將我們帶往何方，誰知道地球的盡頭有些什麼。怪物在我的噩夢中徘徊，白天也不願放過我。兩小時前，我用望遠鏡觀察遠方小島，我看見一排排棕櫚樹彼此交錯，形成可怕的符號：

⼗Ⱶ⼈⼂ 書⼂Ⱶ⼗
⊗2⼖Ⱶ Ψ⊙
Ⱶ⼂⼈⊙ ⼗○ 書⊙

我相信我將永遠無法回到家鄉。

這些訊息是真的，我相信是的。我相信這些怪物日誌讓大家知道，他們此生物必須公開讓大家知道。他們躲了這麼多個世紀。再過幾天我就能完成翻譯。

——露絲

---

5. 塔曼戈里：庫克群島中曼蓋亞島的食人巨人。後來被一對兄弟打敗。塔曼戈里兄弟移動時非常安靜，那對兄弟找不到他。於是，兩人烤了一些老鼠，那是塔曼戈里最喜歡的食物。巨人受烤老鼠的味道吸引，現身並吃掉了那些老鼠。接著呼呼大睡。兩兄弟趁老巨人入睡時，將他殺死。

6. 特圖納：鰻魚妖特圖納愛上來自玻里尼西亞，大溪地島的女孩：希娜。大洪水來臨時，特圖納叫女孩砍下牠的頭，並把頭埋進土裡。從那棵種長出了世上第一棵椰子樹。

7. 護地巨草魚：讓地巨草魚的故事來自大溪地，這隻巨大草魚用觸手固定大地。戰神如何想讓草魚移手，但魔咒沒發揮效用，大地亞想讓草魚移手，但魔咒沒發揮效用，大地安然無恙。

8. 馬夫伊：地震之神，在撐角比賽中輸給英雄瑪提提。英雄扭斷馬夫伊的一隻手臂，馬夫伊為了保住另一隻手，告訴瑪提提秘密：馬夫伊因為只剩下一隻手，地震也不像以前那麼嚴重。

9. 鯊魚人納那努：鯊魚人納那努是鯊魚王與夏威夷女性生下的孩子。有人曾餵鯊魚人納那努吃人肉，害牠愛上人肉的滋味。

10. 豬之子：半人半豬的怪物，豬之子用鼻子推出夏威夷山地，並用蹄挖出大片湖泊。當女神佩蕾拒絕他的求愛，豬之子前往低地，佩蕾則爬上山，在山區點起熊熊大火。

11. 梅珍夸德：這女冠魔出沒在馬紹爾群島的艾拉克島。女生完成梅珍德，就會變成梅珍德。

---

1. 飛翼魔：這種飛行生物有蝙蝠般的翅膀，長長的尾巴像魚尾一樣，末端分岔，還有長滿利齒的長鳥喙。飛翼魔吃腐爛的人肉，在人們的葬禮徘徊。牠主要出現在巴布亞紐幾內亞的溫伊島和馬努斯島。

2. 馬拉瓦：馬拉瓦是萬那杜附近班克斯群島的巨大蜘蛛。馬拉瓦是造物的精靈，尼西亞的造物見到馬拉瓦跳舞，但馬拉瓦見到自己創造了人類，太過驚訝，於是埋葬了這些人，人們腐爛後，馬拉瓦才發覺，原來自己發明了死亡。

3. 阿達羅：這種冠毒的人魚主要在索羅門群島活動。阿達羅取代代世裡鯊魚鰭的角，的尖刺和取代尾巴的鰭。這種生物會飛魚吞噬人類。

4. 大頭懶巨人：美滿虎島的和平巨人。大頭懶巨人會坐下他的頭和手，放下他的手會用手指行走，然後抱著頭，讓巨人看到更遠的地方。

1575年7月2日，伯克郡，華特斯莊園

從南漢普頓出發以來，十二年過去了，我終於回到家。小哈爾跟我一起回到安全的華特斯莊園。

安全嗎？回來還不到一小時，我就發現大廳壁爐出現了以前沒有的刻紋。我仔細檢查，並且抄寫下來：

⸕⸎⸎⸙⸌ ⸙○ ○⸙⸙⸎ ⸎⸙⸑ ⸍⸕⸙⸌⸎

⸙⸙ ⸙⸍○ ⸘⸙⸍⸙⸎ ⸙○ ⸙⸙⸌⸕⸍⸙⸙⸎

⸎⸙⸑ ⸘⸙⸌⸌ ⸙⸙ ⸑⸕⸙⸍⸎ ⸙⸙

⸙⸙⸎⸙⸙ ⸙⸌○ ⸙⸎○ ⸙○ ⸑⸕

我回頭查看我的地圖，終於，我懂了。我現在知道怪物想告訴我什麼了。

一切努力都白費了。我盡全力描述居住在這星球上的生物，詳細描繪牠們的翅膀、鼻子、尾巴、牙齒、爪子、鱗片和蹄，但全部都不能公開——那些怪物這麼要求。

這是我努力的成果，我沒辦法摧毀這些紀錄，所以我把地圖封進小箱子，交給哈爾。他已經成為我最信賴的朋友，我也把我的莊園和財產都交給他。此後，這個莊園將改名為哈德艾克莊園。我必須躲起來。

我給哈爾和他後代的唯一要求，就是把這珍貴的箱子好好藏起來，用生命保護它。如果他的家族斷了香火，我不希望有任何不幸的人發現這可怕的祕密。

至於我，我只希望能安享晚年，讓我的筆發揮別的用處。在此附上我的第一篇詩作。

康尼留斯·華特斯

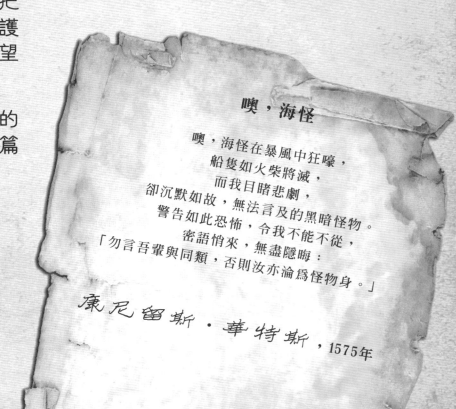

噢，海怪

噢，海怪在暴風中狂嚎，
船隻如火柴將滅，
而我目睹悲劇，
卻沉默如故，無法言及的黑暗怪物。
警告如此恐怖，令我不能不從，
密語悄來，無盡隱晦：
「勿言吾輩與同類，否則汝亦淪為怪物身。」

康尼留斯·華特斯，1575年

露絲‧布里奇　圖書館員
哈德艾克莊園
伯克郡

艾德蒙‧萊特　編輯
麥卡托地圖製造公司
布隆伯利
倫敦

12月9日

情況十萬火急。您在上一封信中說，您會在本週將康尼留斯‧華特斯的《妖怪地圖》交付印刷。我非常希望您還沒有這麼做，我勸您放棄這個計畫。地圖集必須放回哈德艾克莊園，重新封進箱子，甚至銷毀。

我第一次讀華特斯的旅行紀錄時，以為這只是奇幻動物寓言。但花了好幾個月深入研究之後，我深信他說的是真的。

我們從哈德艾克家族檔案庫的文件紀錄得知，這位探險家確實把大筆財產全數交給廚師的兒子：亨利‧哈德艾克（也就是哈爾）。許多人好奇華特斯為什麼要隱居，並把可觀的財產交給僕人。這邊有份未曾公開的文件，解釋了所有事情。

哈爾的家族變得富有且受人尊敬。我的雇主哈德艾克教授是這家族的最後一名成員。華特斯曾擔心，家族無後將讓箱子曝光，而事情確實如他所預言。

昨天晚上，我最後看了一次藏箱子的凹洞。牆壁刻上了兩天前沒有的符號：

我解開了這些密碼。我必須走了，我得逃跑，我得躲起來。**牠們要來了。**

露絲‧布里奇

艾德蒙・萊特　編輯
麥卡托地圖製造公司
布隆伯利
倫敦

露絲・布里奇小姐　圖書館員
哈德艾克莊園
伯克郡
英國

12月9日

親愛的布里奇小姐：

我們很高興能在此附上康尼留斯・華特斯的《妖怪地圖》。這本書今天就會在世界各地販售。大家都很有興趣，我們已經考慮再版印刷。

有件事情令我們困惑。昨天我們收到一封信，上頭寫了奇怪的文字，就像華特斯在地圖集上記錄的那些。我們的專家解讀不了，或許您有辦法告訴我們這些符號的意思？

祝　好

編輯　艾德蒙・萊特

查無此人
原信退回

索引

61